U0486113

上海社会科学院哲学社会科学创新工程
“中国特色新型智库研究平台”系列成果

上海社会科学院智库研究中心
当代国际智库译丛

杨亚琴 李凌 / 主编

Think Tanks
THE BRAIN TRUSTS OF
US FOREIGN POLICY

新保守主义智库与美国外交政策

[德] 库必来·亚多·阿林（Kubilay Yado Arin）/ 著
王成至 / 译

致 谢

衷心感谢迈克尔·霍克施文德、迈克尔·齐米芝、乌尔苏拉·普鲁彻等教授为本书提供的支持。特别要感谢我的父母萨丹和古尔苏姆·阿林、兄弟库台、姐妹库特莱和多鲁奈，以及堂兄弟伊兹勒姆和伊斯梅尔。

库必来·亚多·阿林博士

译从总序

2008年6月，习近平同志写信祝贺上海社会科学院院庆时提出，“从新的历史起点出发，继续全面建设小康社会，加快推进社会主义现代化，必须坚定不移地繁荣发展这些社会科学”，要求我院“高举中国特色社会主义伟大旗帜，大力推进学科体系建设，加强科研方法创新，为建设国内一流、国际知名的社会主义新智库而努力奋斗”。2009年，上海社会科学院智库研究中心成立，成为全国首家专门开展智库研究的学术机构。

为了体现“国内一流、国际知名”的要求与目标，智库研究中心紧紧围绕“智库研究”与“智库产品转化”两大核心内容，秉持实体化、专业化、国际化路线，首开中国智库排名之先河，率先在全国范围内开展智库问卷调查，通过主、客观相结合的方法，建立智库评价标准，获得了学界和决策咨询部门的认可；同时，中心持续跟踪国内外智库动态，通过举办“上海全球智库论坛”和“新智库论坛”，广泛联结各类智库机构和决策部门，凝心聚力有影响力的智库专家、学者和建设者，形成了以《中国智库报告——影响力排名与政策建议》为品牌、以上海新智库专报为平台、以智库论坛为纽带的工作机制，为引导和推进中国特色新型智库体系建设贡献绵薄之力。

智库研究中心十分重视智库研究的国际化，特别是与国际顶级智库之间的密切联系与合作，旨在立足广阔的全球视野，推动中国智库蓬勃发展。早在2010年，中心就组织科研力量，翻译了安德鲁·里奇的《智库、公共政策和专家治策的政治学》和唐纳德·埃布尔森的《智库能发挥作用吗？——公共政策研究机构影响力之评估》两本在国际上颇具影响力的智库专著；2012年，中心与美国宾夕法尼亚大学智库项目组签订了战略合作框架，邀请麦甘博士来访；2013年年底，《中国智库报告》项目组回访美国宾夕法尼亚大学智库项目组；2015 年，上海社会科学院进入国家高端 25 家试点单位之后，中心进行实体化运作；2016 年，中心项目组再度造访美国，与布鲁金斯学会、华盛顿信息技术与创新基金会、哥伦比亚大学魏德海东亚研究所和诺恒经济咨询公司的智库专家开展面对面交流；2017 年 6 月，《中国智库报告》（英文版）首度在海外（伦敦）发布，中心项目组还同时拜访了查塔姆学会，以及伦敦政治经济学院国际事务与外交战略研究中心、伦敦国王学院中国研究院、皇家三军防务研究所、国际战略研究所、英国国家学术院等多家英国著名智库。

呈现在读者面前的这套“当代国际智库译丛”，是自 2016 年起智库研究中心与上海社会科学院出版社共同策划的一项重要成果，也体现了智库研究中心一直以来的国际化特色。智库研究中心精心挑选，认真组织科研力量进行翻译工作，旨在借助于世界一流智库专家的最新著述，把他们的观点与学识引入国内，以期引起国内同行及智库建设者的关注与研讨，增长见闻、拓宽视野。希望这套丛书的出版，为读者全面了解不同国家和地区智库发挥作用的机制及其差异，揭示智库成长的一般规律与特殊条件，从国别、年代、制度等多个维度考察智库的影响力打开“一扇窗户”，给读者带来更多的启示、借鉴与思考，为中国特色新型智库体系建设，借他山之石，谋更好发展。

上海社会科学院智库研究中心名誉理事长　王荣华

2017 年 10 月

译者序

《新保守主义智库与美国外交政策》是德国慕尼黑大学美国文化史博士库必来·亚多·阿林在其博士论文的基础上形成的一本专著。本书重点介绍了美国新保守主义智库是如何影响美国的外交政策的，尤其是20世纪以来，智库塑造美国外交政策所依赖的美国国内政治环境、思想界的宏观动向、智库内部运作构架等。

作者借助于西方政治学理论和智库研究理论的分析框架，包括西方马克思主义、智库研究的精英主义理论等，解读美国智库的行为方式，使其对美国智库的观察不只停留在对现象的描述上，而是具有一定的理论纵深感和历史纵深感。同时也在一定程度上，突破了美国主流话语对于美国智库所营造的过于理想化的描述，因而有助于让身处美国之外的读者以一种更加全面和客观的眼光，来看待和吸收美国智库的发展经验，这也是本书值得译介的一个重要原因。书中提到，美国智库曾经为第二次世界大战后构建美国主导的世界秩序进行宏观制度设计、提出具体的政策建议，如布雷顿森林体系、马歇尔计划等。然而正所谓"成也萧何，败也萧何"，也是拜智库所赐，美国在21世纪初奉行新保守主义外交政策，导致国力大损、遗害至今。对于智库何以会在美国外交政策中起到如此矛盾的作用，作者的分析值得引起重视。

本书的翻译是上海社会科学院智库研究中心的一项重要学术研究。王成至负责全书正文和注释的翻译；邹亚楠、聂政、张健为本书的翻译提供了非常宝贵的协助；虎恩博、曹锋友、施澄、潘晨、王淞等为附录所列的部分美国智库介绍提供了资料。本书翻译过程得到了智库研究中心执行主任杨亚琴、副主任李凌老师的鼎力支持，智库研究中心的其他成员谢华育老师、周亚男和王贞也都在翻译过程中给予了极大的帮助，在此向他们表示最真挚的谢意。

王成至

2017 年 10 月

译者导读:智库在美国外交决策机制中的地位

一、智库是美国外交决策体制的有机组成部分

“智库”(think tank)是一个从西方引进的概念,国内有时也翻译为“思想库”,指的是从事公共政策研究的非营利机构。作为现代社会分工细化的产物,智库存在的意义主要有二:一是推动决策的科学性、专业性、公益性;二是在公共议题上对普罗大众进行启蒙。智库虽然从事研究工作,但其研究都与政策密切相关,这使其有别于注重学科体系建设的高等院校;智库虽然为决策服务,但不能代替政府去行使决策权,因而也不能同权力机构混为一谈。然而,智库的确在客观上充当着决策者、专家学者和公众之间沟通交流的桥梁。如果按照上述各方面来衡量的话,那么智库这种机构不仅存在于西方发达国家,也存在于当今世界其他形态的国家,不论其形式上是官办还是民办,不论其赞助者是政党、权力机构、企业、大学还是私人。

智库对于美国外交决策的影响不是一个新鲜的话题,关心美国外交政策的人士都知道:要对当今的美国外交政策进行研判,美国智库出版的著作和期刊、在网站上公布的政策研究报告、智库专家们的论文、专栏文章、电视访谈,以及在私下场合表达的见解等,都是重要的参考素材。国内外也有大量的著述,详细介绍了美国外交关系协会、布鲁金斯学会、卡内基国际和平基金会、兰德公司等著名美国智库,是如何影响、塑造美国外交政策的。最令人津津乐道的莫过于美国政府和智库之间的“旋转门”机制,这是一个能够把专家学者源源不断输送到高级政府职位上,又能使离任政要专

心投身于政策研究的机制,这一机制为亨利·基辛格、兹比格涅夫·布热津斯基、玛德琳·奥尔布莱特等知识精英提供了为国效命、在国际舞台上一展才华的机会。

智库研究权威、美国宾夕法尼亚大学的詹姆斯·麦甘博士,把美国智库对决策的这种影响力看作是成熟的公民社会的体现,但是如果把美国的情况与同样被其视为成熟的公民社会的其他西方发达国家相比,我们不难发现,美国智库影响本国外交政策的力度是其他西方国家所不能比拟的,主要体现在美国智库在很大程度上超越了决策咨询的范畴,成为了美国公共政策决策体制的一个有机组成部分。这一点对于理解美国智库影响美国外交政策的方式具有重要意义。

一般来说,西方国家智库影响决策的主要途径有二:一是向决策者建言献策,得到决策者的积极响应,把智库的主张转化为政府的政策,从而自上而下地影响公共政策的制定。二是通过专业平台以及媒体向专家和公众兜售其主张,形成一定规模的"民意",使决策者感受到某种压力,最终转化为政策,从而自下而上地影响公共政策的制定。无论智库通过哪一种途径影响了公共政策,智库充当的都是决策咨询者的角色,通俗地说就是"政策顾问"的角色。

但是美国智库所发挥的"政策顾问"功能,却具有一个其他西方国家智库所不具备的重要特点,那就是深深嵌入了公共政策决策酝酿、成型、推广、实施的整个过程。这种"嵌入"主要有三种形式。第一种形式是前面已经提到的"旋转门"机制,由于其保证了智库专家与决策者之间角色的相互转化,因此了解美国智库专家对外交政策的主张就显得尤为重要。而在其他西方国家,即使政治文化上最接近于美国的英国也有智库专家出任政府要职的事例,或者以执政党领袖亲信的身份影响执政党的方针政策(如安东尼·吉登斯对布莱尔政府"第三条道路"的影响),但与美国的"旋转门"相比则属于个案,根本没有形成机制。"嵌入"的另一种形式是美国智库作为一个单位,介入到总统竞选活动中,从帮助总统候选人赢得选票的需要出发,来对候选人的内政外交方针进行设计、包装、推广,在候选人赢得选举之后充当处理新旧政府交接事宜的所谓"过渡团队",在新总统入主白宫后堂而皇之以新决策者的身份推动新政的实施。里根时期的传统基金会、克林顿时期的布鲁金斯学会、小布什时期的新世纪美国计划等智库,都在不同程度上有过类似经历。"嵌入"的第三种形式则是同院外活动相互交融,利用学术研究为特殊利益服务,20 世纪 60 年代以来兴起的政策倡议型智库是这方面的典范。总之,上述三种"嵌入"赋予了美国智库某种超越"决策咨询"的作用,乃至国内外一些智库研究者认为美国智库也是公共政策的决策者,甚至是立法、行政、司法、媒体之外的"第五种权力"。

与美国智库干政的深度和广度相比,其他西方国家的智库则大为逊色。与布鲁金斯学会同时成立的英国查塔姆学会,虽然也为英国决策者所倚重,且在专业人士中享有较高的声望(2016 年"麦甘全球智库报告"将其评为最具影响力的综合性智库),但是查塔姆学会既不像布鲁金斯学会那样是国家外交人才的储备库,也从未像布鲁金斯学会那样充当过任何一届政府的政策设计师,或者某一特定利益集团的学术代言人(尽管迫于智库行业日益激烈的竞争,查塔姆学会也在悄悄放下身段,为自己寻找更靠得住的金主)。而在德国,为了确保智库超脱于党派政治,法律禁止智库从公共财政以外的渠道获得资助,智库评价也更注重其学术造诣,而不太看重决策影响力。与美国智库相比,这些国家的智库对于包括外交政策在内的公共政策更多所体现的是间接影响。

二、美国智库外交决策影响力的制度环境分析

美国智库对美国公共政策的影响力之所以如此巨大,与美国公共决策"碎片化"的制度环境密不可分。众所周知,美国是最早实行政党政治的西方国家之一,加上其独特的社会文化传统等因素,形成了公共政策决策活动"碎片化"的局面。这主要表现在三个方面:一是自其立国之初就形成的立法、行政、司法三权分立、相互制衡的格局基本保持稳定,虽然不同历史时期出现过立法部门以及行政部门试图扩大自身权威的冲动,但都因受到制约而未能突破三权分立的格局。公共政策往往是三大权力部门相互博弈、相互妥协的产物。二是美国立国之后逐渐形成了两党通过定期选举角逐政权、轮流执政的局面,自南北战争结束以来联邦和地方政权主要在民主、共和两党之间易位。由于三权分立体制的存在,往往一党在选举中赢

得了联邦或地方行政机构的领导权，却必须面对另一党在立法机构或司法机构中占优势的局面。因此公共政策绝非一党一派所能说了算的，总是两党博弈和妥协的产物。三是由于美国政党始终脱离不了西方早期政党组织松散的特点，加上美国政府决策权力分散，这就为社会上各种利益群体通过游说活动影响公共政策的制定创造了空间。代表不同利益群体的游说团体构成的“压力集团”，其政策游说的能量大小不一，公共政策往往体现了压力集团的实力对比情况，例如过分有利于企业主和金融家，对工薪阶层的关照不足。

美国智库得以影响公共政策的前提是：在一个决策活动碎片化、决策与压力集团的能量相挂钩的环境里，公共政策易于被特殊利益绑架，最终造成尖锐的利益对立和社会撕裂，危及包括既得利益者在内的所有社会成员。在充满危机的20世纪，为了维护国家的团结和持久繁荣，社会上下都要求公共政策能够超越党派和压力集团的狭隘利益，体现国家的整体利益、长远利益。而美国智库以独立于党派和压力集团的面貌出现，以提出客观中立的、专业化的公共政策方案自居，呼应了社会的这种需要，从而为自己在公共政策的制定上赢得了话语权。

但光是这样，智库还难以称得上“第五种权力”。使其成为“第五种权力”的因素，是20世纪初进步运动所开启的美国权力格局的一次重大调整。美国自南北战争结束以后进入了经济高速发展的时代，在20世纪初成为世界头号经济体，同时在这一过程中也形成了财阀和职业政客对政权的垄断，导致国内两极分化加剧、种族关系紧张、国家陷入撕裂状态。面临严峻的形势，进步运动从地方席卷到全国，该运动追求公共利益、反对特殊利益；主张通过强化公权力服务全民利益；主张以科学决策、民主决策取代黑金政治。进步运动的诸多主张通过富兰克林·罗斯福时期的“新政”、约翰·肯尼迪时期的“新边疆”、林登·约翰逊时期的“伟大社会”等政府行为，成为了国家意志。在这一过程中，站在运动最前列的新自由主义知识分子的地位极大提升，他们主要是利用媒体和智库这两类公共平台发挥舆论影响力，媒体因此被称为立法、行政、司法之外的“第四种权力”，而智库则为“专家治国”提供了某种机制，成为美国决策体制的一个重要组成部分，“第五种权力”一说也由此而来。

就外交政策领域而言，智库影响美国外交决策的具体方式包括：一是组建跨越政界、商界、学界、军界、媒体的团队，形成具有跨学科、跨界别、资源互补、面向实践等特点的团队竞争力，从而有资格成为政客、政党、利益集团的智囊团；二是智库专家通过“旋转门”机制成为政府要员，得以将外交政策主张转化为政策；三是“旋转门”机制赋予了智库开展“二轨外交”的权威性，使智库可以以非官方身份参与外交活动；四是通过参加国会听证、发表研究报告、召集学术会议、接受媒体采访等形式，对政府的外交政策进行监督、检讨、提出修正意见；五是通过学术争鸣和知识启蒙塑造精英阶层在外交政策上的基本共识。20 世纪以来，有一些跨党派的共识对于美国外交政策影响深远，例如自由主义的国家身份认同、意识形态化的国家利益观、自由主义的国际主义与霸权主义的巧妙结合等，与智库的推动均密切相关。尽管历届美国政府决策团队的结构不同，但其对外政策往往会向智库辩论所达成的基本共识的方向靠拢。虽然美国智库不能取代政府的对外决策功能，但由于上述讨论所展示出的情况，我们可以认为，与其他国家智库不同的是，美国智库不是处于决策活动之外指点江山的机构，而是深深嵌入在决策活动当中，因此美国智库的对外政策主张，是了解美国政府对外政策方向的一个重要风向标。

相比之下，英、德等欧洲国家的智库之所以无法像美国智库那样成为公共政策决策体制的有机组成部分，也与其制度环境有关。还是以英国为例，英国虽然是现代政党政治的发祥地，但是与美国相比，其政党组织在后来的发展中进化成了西方政党制度的升级版，拥有相对严密的组织和等级制度，领导者的培养和大政方针的酝酿依托于强大的政党组织。此外，英国还有相对成熟的文官制度，从中产生职业外交官。虽然政党和政府机构也会向智库寻求专业帮助，但智库影响政策的空间远不及美国宽敞。

三、美国智库的生存需要与公信力之间的张力

智库研究的精英主义理论使我们看到，在碎片化的决策环境中，美国不同的党派和利益集团都会有自己特定的政策诉求，最后形成的政策，往往是利益博弈的结果，体现的是社会精英群体内部所能达成的最大公约

数。有资格跻身“第五种权力”之列的智库，往往必须具备如下要素：一是获得精英阶层的资源，二是反映精英阶层的集体意志，三是有能力将精英阶层的意志作为公共意志进行推广，为其变换成公共政策提供合理依据。因此，智库的意见争鸣往往只是统治集团内部的分歧，而在对一系列根本问题的认识上，由于智库也积极介入了对共识的塑造，因此与其他决策行为体，包括执政当局在内，不会有根本的认识矛盾。在美国也有一些智库与统治集团之间的对立成分更多，但是这些智库多处于边缘地位，跟“第五种权力”根本靠不上边。

值得注意的是，自20世纪60年代以来，由于科技的进步带来经济领域的变革，以及外部世界不断涌现的挑战，美国精英阶层在对国家目标的认识上分歧日益加深，新保守主义随之兴起，对“新政”以来自由主义独领风骚的局面发起冲击，美国政治陷入“极化”（polarization）状态。相应的，“第五种权力”内部出现了重新洗牌。一方面，随着第二次世界大战后美国民众的文化水平普遍提高，党派、利益集团越来越重视对一己私利进行学术包装，打扮成公共利益诉求，由之催生了对有鲜明党派色彩的智库的需求。与此同时，随着智库数量激增以及市场竞争加剧，智库为了生存，也积极寻求成为特定党派和利益集团的学术代言人。另一方面，随着美国政治日趋“极化”，对重视学术研究、政治上超脱的传统学院型智库的宽容度也在下降。在这种背景下，一批政策倡议型智库应运而生，抢夺之前由新自由主义智库把持的思想市场。

这一批政策倡议型智库与传统智库最大的不同点体现在两个方面，一方面是一改前者“学术中立”的面貌，旗帜鲜明地鼓吹所谓“新保守主义”和支持共和党，特别是共和党右翼；另一方面是一改学院型智库相对超脱于政治斗争、专注于原创性研究的做法，把主要精力投入到政策营销活动中，在党派斗争中充当学术吹鼓手。其中一些做法值得关注，例如政策倡议型智库思想原创能力不及学术包装能力，为了便于思想传播，政策倡议型智库往往会摒弃长篇大论的研究报告，而倾向于出台一目了然的短报告，方便决策者利用旅行、休息的时间浏览，它们还善于利用新媒体传播自己的主张，影响公共舆论。为此，这些智库把媒体曝光率、公关工作、募款能力作为考核员工业绩的依据。有时竟会利用自身非盈利机构的免税待遇充当候选人洗钱的工具。其代表是传统基金会、企业研究所、新美国世纪计划等智库。

在美国政治陷入“极化”的环境下，政策倡议型智库比学院型智库更容易得到赞助，因此其发展速度迅猛，而许多学院型智库迫于生存压力，也纷纷转型，如企业研究所和布鲁金斯学会。这也导致了如今智库与游说团体的界限变得模糊起来。不过，政策倡议型智库的募款能力远远不能与游说团体相提并论，同时，其作为智库赖以立足的社会公信力也因其党派倾向而大受削弱，进而影响自己在思想市场中的地位。因此，许多美国智库力求在学术和政策营销之间保持某种平衡。

新保守主义政策倡议型智库对美国外交政策的影响体现在追求美国主导的单极世界秩序和美国在国防上的绝对优势地位方面，其对美国外交政策的影响在小布什时期达到了巅峰，但正是这一主张导致了美国深陷中东反恐战争泥潭，削弱了美国的综合国力，导致今天美国孤立主义和民粹主义的兴起，以及美国社会在国家定位和发展方向上出现撕裂。事实表明，新保守主义政策倡议型智库只是服务于华尔街金融资本的扩张以及军工复合体的利益，却使美国中产阶级蒙受巨大损失，恶化了美国及其西方盟国的国际环境，对美国的国际地位和未来发展投下阴影。虽然美国精英阶层中的有识之士多次尝试改变这种局面，无奈国内政治力量对比有利于金融资本和军工复合体，这些有识之士即使上台执政，也难以从根本上改变既有的政策轨迹，以致社会撕裂愈演愈烈，演变为今天所谓建制派和反建制派的恶斗。

目　录

第一章　智库，美国外交政策的智囊团

20世纪伊始，政府的运作日益变得难以理解。负荷过重的政策制定者们需要通过海量的信息分析来认识国内政治势力之间的讨价还价、理解国际磋商的复杂架构。[①] 大多数政府机构和国会议员很少自己从事调研工作，而是依靠政府的研究机构、智库、利益集团来获得信息和政情分析。[②] 尽管“智库”(Think Tank)一词的确切定义存在问题，但智库的作用却是明明白白的，即组织会议，出版书籍、论文、报告和期刊，鼓励研究人员为报纸撰写公共事务专栏文章。[③] 智库及其研究人员就内政外交提供急需的解析。戴安·斯通(Diane Stone)采用一个宽泛的政策网络分析法，来解析智库的活动及其动机，包括政策共同体、政策倡议联盟和政策企业家[④]等模型。[⑤]

与欧洲政党提供政策建议的做法不同，美国白宫和国会山的政客们无需屈从于政党这个平台。美国松散的政党纪律常常促使国会议员和政府成员向智库寻求专业性的政策服务。许多总统为了让其政策与国家的意

---

① 威廉·华莱士：《思想与影响力》，载于戴安·斯通等主编：《各国智库比较研究》，曼彻斯特大学出版社1998年版，第229—230页。

② 詹姆斯·麦甘：《公共政策研究行业对美元、学者、影响力的争夺》，美国大学出版社1995年版，第42—43页。

③ 大卫·李奇：《新派华盛顿与智库的崛起》，耶鲁大学出版社1993年版，第1页。

④ 译者注：政策企业家(Policy Entrepreneurs)是那些不仅凭借知识和技术专长构建政策议题、提出创新理念、设计政策方案，还通过营销、结盟、制造政绩等策略来获得其他政策参与者，尤其是地方领导人的认可和支持，从而推动政策创新形成和持续发展的人。

⑤ 戴安·斯通：《智库、政策建议与治理》，载于斯通等主编：《智库传统、政策研究与思想的政治》，曼彻斯特大学出版社2004年版，第1—2页。

识形态相契合，也向智库寻求建议。确实，美国总统还从智库中聘请专家担任其政府的高级职务。实际上，由于美国政治体制的分散性和碎片化，决策者们才会向思想工厂以及为其服务的学者们寻求建议。在一个立足于不同部门分享权力的政治体制、一个决策者不受政党制约的政治体制下，智库可以通过多条渠道使其主张上达该国的数百位立法者。① 多年以来，作者们通过智库的经费来源、独立程度、研究类型、税负情况、组织架构以及政治取向来对其进行描述。② 布鲁金斯学会（the Brookings Institution）不会因为无意在政治上表现活跃，就有别于倡议型智库，它与倡议型智库的不同仅在于它侧重于中长期研究。简言之，与传统基金会（the Heritage Foundation）这种为决策者提供短期资讯的倡议型智库不同的是，许多早期的智库重视的是长期影响决策者的宽领域议题。③

> “国防和外交政策上推崇现实主义和新自由主义主张的智库，被划为保守派智库，而总体上推崇更多自由主义和国际主义主张的智库，则被划为进步主义智库。”④

本书因此聚焦于美国政策制定过程中智库、基金会、个体捐款人、专家以及思想理念的作用。⑤ 政策倡议联盟的分析法为解析知识的长期利用提供了思路。美国外交关系协会（Council of Foreign Relations）和卡内基基金会（Carnegie Endowment）这样的智库像政策论坛一样运作，创造着跨界学识。具有不同政治取向的学者、政治家与新闻工作者们，通过参与智库的倡议活动，在塑造政策话语的过程中建立起人脉网络。因此，智库时常能够在不同政策倡议联盟之间的竞争环境中发挥其影响力。结果是，利益

---

① 唐纳德·埃布尔森，克里斯·丁卡伯里：《总统选举中的政策专家：智库介入选战的一种模式》，载于《总统研究季刊》1997 年第 27(4)号，第 679—697 页。

② 同上。

③ 唐纳德·埃布尔森：《公共政策研究机构评估》（第 2 版），麦吉尔-女王大学出版社 2009 年版，第 23 页。

④ 同上，第 25 页。

⑤ 唐纳德·埃布尔森：《智库与美国外交政策》，麦吉尔-女王大学出版社 2006 年版。

集团与知识之间存在着共生关系。[①] 立足于这一角度，本书着重分析从美国前总统克林顿到小布什任职期间，智库这一精英政策规划组织对美国外交政策所产生的影响。[②]

就像大卫·李奇（David Ricci）指出的那样，智库虽然对华盛顿的政治事务产生作用，却较少出现在讨论美国政治的参考书中。在李奇看来，政治学家们尚未将华盛顿的智库及其近年来的井喷式发展，当作美国决策活动中一个崭新的、重要的体制性力量加以考量。[③] 在政策议程的形成过程中，智库发挥的是"软实力"（这是由约瑟夫·奈创造的概念），它们对政策争论的用词和传统智慧提出质疑，对决策者的思想产生影响。这些都是智库引人瞩目的作用。虽然与实打实的政治讨价还价相比，智库的功能很难显现，但这却制造了一种特定的政治安排，将各种政治力量的讨价还价置于现代政治制度的规范之下。[④]

> "'市场自由主义者'在词义上可与'自由主义者'通约，用来指受经典自由主义原则和自由市场经济思想影响的机构或个人。被美国社会民主党人盗用的'自由'这一概念，在美国也被称为'进步主义'，而'社会民主主义'有时则等同于'社会主义'。'自由主义'作为一个标签出现于罗斯福政府及其'新政'期间。'伟大社会'计划的批判者们一般被称为'新保守主义者'，譬如就职于像传统基金会这种机构的人们，他们受的是自由意志论和保守主义思潮的影响。"[⑤]

---

① 沙巴提耶，詹金斯-史密斯主编：《从政策倡议联盟看政策转变与学习》，西方视野出版社1993年版。

② 唐纳德·埃布尔森：《美国智库》，载于戴安·斯通等主编：《各国智库比较研究》，曼彻斯特大学1998年版，第107—126页；唐纳德·埃布尔森、艾佛特·林奎斯特：《北美智库》，载于肯特·韦弗、詹姆斯·麦甘主编：《智库与公民社会》，事务出版社2000年版，第37—66页。

③ 大卫·李奇：《新派华盛顿与智库的崛起》，耶鲁大学出版社1993年版，第2页。

④ 威廉·华莱士：《思想与影响力》，载于戴安·斯通等主编：《各国智库比较研究》，曼彻斯特大学出版社1998年版，第224页。

⑤ 戴安·斯通：《智库与政策程序》，卡斯出版社1996年版，第25页。

总统候选人与国会议员建立智库，不光是利用智库的专业政治知识，还利用智库来规避选举法对筹款所施加的限制，因为非营利组织是不受捐款上限约束的。捐款人可以支持其候选人的选举活动，并且从智库的免税地位中受益，还能通过智库结识官员。① 由此可见，智库也成了竞选团队的一员。② 鉴于美国没有英国那种文官制度，智库学者必须与决策者结成联盟，来提升他们在美国行政系统中的发展前途。③

作为民主党领导理事会（Democratic Leadership Council）的分支机构，进步政策研究所（The Progressive Policy Institute）成立于1989年。当1992年比尔·克林顿决定角逐总统职位时，进步政策研究所从他身上豁然看到了一位推动其进步主义使命的合适人选，因为克林顿支持进步政策研究所力推的对政府进行改革的"推动变革"（Mandate for Change）蓝图。许多记者断言进步政策研究所的观点将主导华盛顿的议程。最值得重视的是，进步政策研究所认为通过刺激经济增长、发展优质教育、拓展发展机会、增强金融和人身安全，能够重振"美国梦"。不仅如此，预防犯罪、医疗和环境安全等议题也进入了克林顿的新民主论坛议程。进步政策研究所还坚信在经济和政治自由化的基础上建立新的国际架构有利于维护全球秩序。进步政策研究所的研究结论要求在美国建立新的进步主义政治，而在营销其主张的战略上则以传统基金会和卡托研究所（the CATO Institute）的做法为榜样。④

鉴于"新美国世纪计划"（The Project for the New Hmerican Century）与美国企业研究所（American Enterprise Institute）以及《旗帜周刊》杂志（由"新美国世纪计划"主席威廉·克里斯托尔定稿）的主张相一致，其提出的原则不仅得到了小布什的公开支持，而且早在1997年就引起了克林

① 唐纳德·埃布尔森：《公共政策研究机构评估》（第2版），麦吉尔-女王大学出版社2009年版，第90页。

② 德文文献：Gehlen, Martin. "Kulturen der Politkberatung-USA", In: Bröchler, Stephan/Schützeichel, Rainer (eds.), *Politikberatung*. Stuttgart 2008, p. 486.

③ 德文文献：Thunert, Martin. *Think Tanks in Deutschland-Berater der Politik*? ApuZ B51/2003, p. 35.

④ 唐纳德·埃布尔森：《公共政策研究机构评估》（第2版），麦吉尔-女王大学出版社2009年版，第189页。

顿政府的关注。“新美国世纪计划”提出了在新世纪保持美国全球领导地位的新里根主义政策,以“强军”和“道义上的旗帜鲜明”为标志。迪克·切尼、唐纳德·拉姆斯菲尔德、保罗·沃尔福威茨以及杰布·布什都支持这一原则并签了字。当小布什发展出自己的主义来增进和保护美国安全利益时,“新美国世纪计划”则为其政府入侵阿富汗和伊拉克正名。“9·11”悲剧之后,这个与布什所在的白宫关系过硬的小型智库一下子名扬全国。也确有一些记者认为“新美国世纪计划”为布什主义奠定了基础。①

本书对美国内政外交职能的历史性分权是否能绕开美国的权力制衡制度进行考察。就打击恐怖主义的战争而言,美国外交政策是否变成了行政部门的专属领域而不受国会控制?克林顿领导下的民主党政府是否将内政置于外交之下?克林顿政府时期国家将重点从内政转向外交的趋势是否在小布什任职期得以延续下去?② 考虑到孟德斯鸠关于行政部门有权采取“紧急行动”的论述,这一范式的转移也就是合理合法的。③ 下列一些问题有待澄清:美国对外政策的帝国式过度扩张是否能有效地被国内机制所阻止?对遵守国际法以及与多边组织进行合作的关注日益增强,要求美国国内强化控制其对外政策的能力。④ 鉴于智库的政策建议不适当地只向行政部门提供,以致国会被排除在了对外政策决策活动之外,这一点特别成问题。⑤ 正因为此,政治学家们都会把目光集中在分析白宫、国家安全委

---

① 唐纳德·埃布尔森:《公共政策研究机构评估》(第2版),麦吉尔-女王大学出版社2009年版,第189页。

② 瑞安·亨德里克森:《克林顿的战争——宪法、国会与战力》,范德堡大学出版社2002年版。

③ 马丁·谢弗:《总统的战力与反恐战争:我们是否注定要再度犯错?》,载于约翰·大卫主编:《全球反恐战争:评估美国的反应》,纽约出版社2004年版,第28页。

④ 德文文献:Weller, Christoph. “Machiavellistische Außenpolitik-Altes Denken und seine US-amerikanische Umsetzung”, In: Hasenclever, Andreas/Wolf, Klaus Dieter/Zürn, Michael (eds.), *Macht und Ohnmacht internationaler Institutionen*. Frankfurt a. M. / New York: Campus, 2007, pp. 81 – 114.

⑤ 德文文献:Glaab, Manuela & Metz, Almut. “Politikberatung und Öffentlichkeit”, In: Falk, Svenja (ed.), *Handbuch Poltikberatung*. Wiesbaden 2006, p. 166.

员会、国务院以及五角大楼之间的决策制度是如何发展演变的。①

在这种情况下，学者们考察了在反恐战争中如何处理法治、国际法、人权、权力制衡制度，以及对联合国的责任这些问题。② 尊重美国宪法、服从国际法以及建设强有力的国际制度（如联合国）表明，克林顿总统及其前任老布什都认为应当尊重美国盟友的观点，以打造广泛的同盟关系。③ 有鉴于此，本书力图证明：从克林顿的自由主义执政阶段到小布什的新保守主义执政阶段，从他们各自执政时期迥异的政治议程中，可以推导出美国国家安全政策是如何从被动反应型转变为主动出击型的。④

---

① 德文文献：Rubenstein，Richard E. *Die US-amerikanischen Wahlen. Aussichten für eine neue amerikanische Außenpolitik. Fokus Amerika der Friedrich-Ebert-Stiftung*（Nr. 2），Washington，D. C. 2008，pp. 5－6.

② 本杰明·利福林：《英国改革疏离美国立场》，1995 年 9 月 25 日在联合国大学的发言。

③ 罗伯特·杰维斯：《新时期的美国外交政策》，纽约出版社 2005 年版，第 91 页。

④ 德文文献：Arin，Kubilay Yado. *Die Rolle der Think Tanks in der US Außenpolitik. Von Clinton zu Bush Jr.* Wiesbaden，VS Springer 2013.

第二章　研究方法：智库分类法

与斯通不同，唐纳德·埃布尔森(Donald Abelson)运用了一种智库分类法，通过重点关注智库发展的四个突出阶段，即1900—1946年、1947—1970年、1978—1989年、1990—2009年，来认识与这四个阶段联系在一起的智库的发展特征。为了说明这一分类法，一些最杰出的智库的情况介绍被整理出来。唐纳德·埃布尔森支持韦弗(Weaver)对决策共同体中三类智库的认定方法，即没有学生的学府(即美国外交关系协会和布鲁金斯学会)、政府研究项目承包者(兰德公司和美国战略研究中心)以及倡议型智库(美国企业研究所和传统基金会)。①

第一次世界大战后，来自美国国内事务和对外政策方面的诸多挑战导致了早期的一批智库如雨后春笋般出现，如卡内基国际和平基金会(1910年)，胡弗战争研究所，革命与和平研究所(1919年)，美国外交学会(1921年)。随着美国成为全球大国，一批数量小却影响大的精英人士着手对美国传统的孤立主义倾向发起挑战。在国际上，美国更大程度地介入全球事务似乎是天命使然，美国的外交政策部门希望让美国的政治精英和公众相信：美国在国际政治中发挥更大的作用符合国家利益。②

自19世纪、20世纪交替以来，智库部分地满足了决策活动对独立思考和独立分析的需求。创立由私人赞助、从事政策研究并成为思想交锋阵地

---

① 唐纳德·埃布尔森：《公共政策研究机构评估》(第2版)，麦吉尔-女王大学出版社2009年版，第18页。

② 詹姆斯·麦甘：《公共政策研究行业对美元、学者、影响力的争夺》，美国大学出版社1995年版，第46页。

的独立研究机构，是具有浓厚美国特色的事情，这种特色源自该国民主、多元以及行善的传统。通过其独立和中立的研究政策和理念，智库为解决公共性的问题、满足公共性的需要出谋划策。这种理性的、价值中立的研究方法扩大了智库在决策共同体当中的影响。身为非营利组织，智库不受政府控制，在大多数情况下也不与任何政党或特殊利益群体结盟。① 通过将20世纪头10年创建的自由主义智库（如布鲁金斯学会和美国外交学会）与新保守主义的倡议型智库（美国企业研究所和传统基金会）进行对比，人们可以看到智库由原来的非营利研究机构向今天志在影响国家大政方针的公开的意识形态组织的转变。创建于进步主义时代的智库更重视向政府官员提供专业的政策咨询，而不是去游说国会议员和行政官员，或者取悦于捐款人。由于没有美国政治中的党派利益，智库培育自己的专业特长，第一批智库致力于推动知识的进步。虽然如此，智库也不应被看作是“没有任何政治动机的公共利益的唯一捍卫者”。②

像布鲁金斯学会和美国企业研究所这样的智库，代表了“没有学生的学府”，定位是研究政治环境的长远变化，并从众多的捐助者那里获得捐款，以避免客户干涉特定的政策建议。③ 虽然智库的各种分类对于解释智库有一些作用，但也不能太拘泥于字面的理解。譬如，正常情况下被视为倡议型智库的传统基金会，也会发表一些与“没有学生的学府”相似的研究成果。因此斯通认为韦弗尔或麦甘设定的类型包含不了混合形态的智库。④ 相反，“智库”这一术语被用来指代目标随时间而改变的研究机构，其研究者只会在短期出于个人方便而开展合作。⑤

许多智库从事的是形态上简单化的研究。⑥ 一方面是政策研究机构与

---

① 詹姆斯·麦甘：《公共政策研究行业对美元、学者、影响力的争夺》，美国大学出版社1995年版，第39—42页。

② 唐纳德·埃布尔森：《美国智库》，载于戴安·斯通等主编：《各国智库比较研究》，曼彻斯特大学出版社1998年版，第107—110页。

③ 大卫·李奇：《新派华盛顿与智库的崛起》，耶鲁大学出版社1993年版，第20页。

④ 戴安·斯通：《转型中的智库》，载于《澳大利亚政治学学刊》1991年第26(2)号，第201页。

⑤ 大卫·李奇：《新派华盛顿与智库的崛起》，耶鲁大学出版社1993年版，第21页。

⑥ 戴安·斯通：《智库与政策程序》，卡斯出版社1996年版，第12页。

利益集团之间的界限变得模糊起来，在政策辩论中越来越强调研究和分析的价值取向；而另一方面，智库似乎在走两个极端：或是与大学进行合作，或是发展成为政治斗争组织。① 像传统基金会这样的一些智库的政策研究结果是可以预测到的。戴安·斯通认为，它们那种可预测的立场与其说是源于既定的利益关系，不如说是源于一套保守主义的原则和固有的意识形态。② 权力交接智库(transition tanks)的出现是为即将履新的总统提供咨询。有望成为总统的人建立自己的智库来制定政策方针，但也会把智库转作为处理竞选捐款的渠道。智库的非营利身份使得总统候选人能够规避联邦政府为政治捐款设立的上限。与埃布尔森不同的是，斯通不认为权力交接智库或候选人智库是研究机构，而把它们归为总统候选人为了推广主张和赢得选举而建立的平台。③ 本书将通过考察从克林顿执政到小布什治下爆发国际危机这一段时期政策规划机构如何重塑外交政策议程，来对上述智库理论和研究方法详加阐明。④

沙巴提耶(Sabatier)和詹金斯-史密斯(Jenkins-Smith)把为倡议联合体服务的智库称为学问代理人。这些智库通过充当政策论坛来激发跨越界别的学问，以求对政策分析发挥长远影响，而且只局限于推动政策变化和学以致用，由此在利益集团和知识学问之间形成共生关系。⑤ 这些机构的重要性体现在充当论坛、推动争鸣、发展中长期效应的思想主张方面，而非追求短期的政策目标。⑥ 纵观全书，智库学者(美国企业公共政策研究所、卡内基国际和平基金会、传统基金会、布鲁金斯学会、胡弗研究所)关于对外政策和国家安全的观点与现实贴得很近(如两次世界大战、冷战和反恐战争)。⑦

截至20世纪70年代，国会山充斥着在意识形态上咄咄逼人的主张，

---

① 戴安·斯通：《智库与政策程序》，卡斯出版社1996年版，第1页。

② 同上，第14页。

③ 同上，第17页。

④ 唐纳德·埃布尔森：《智库，反恐战争与反美主义》，载于理查德·西戈特等主编：《反美主义的政治后果》，劳特里奇出版社2008年版，第44—57页。

⑤ 沙巴提耶，詹金斯-史密斯主编：《从政策倡议联盟看政策转变与学习》，西方视野出版社1993年版。

⑥ 戴安·斯通：《智库、政策建议与治理》，载于斯通等主编：《智库传统、政策研究与思想的政治》，曼彻斯特大学出版社2004年版，第1—16页。

⑦ 唐纳德·埃布尔森：《思想之战》《智库与反恐政策选择》2007年3月第28(3)号，第75—78页。

都是由倡议型智库提出的。这些智库不满当时的内政外交，力争介入决策活动中去。他们不去从事公共服务的学术研究，而是志在推动其政治主张。通过游说决策者将符合他们及其捐助企业的价值观的、与意识形态相兼容的政策付诸实施，传统基金会这样的智库越来越像是利益集团和政治行动委员会。简言之，倡议型智库不是本着学术兴趣从事研究，而是力图向选民传播其保守主义使命。①

要评估智库对政府政策的影响力，学者们可以对参众两院的议员进行访谈或向其发送问卷，智库专家参与特定的政策讨论决定了智库作用的大小。不仅如此，智库还可以将智库提出的政策建议与政府的实际决策进行比较。此外，对存放在国会图书馆的资料进行评估，可以对影响执政当局议程的关键因素理解得更加全面。实际上，在选举前这些主题已是经常见诸报端。智库已经成为决策过程中的固定设施，这也是智库研究者为何需要在评价智库行为时明确最高效方法的原因。②

智库起初在行政部门、国会议员、高级官员和新闻记者之间进行教育、提供资讯，而且在一定程度上起着游说团体的作用。政治家及其顾问们如今深入地建立了一张工作关系网。③ 专家和倡议者之间的界限缩短，危及了政策创新的学术标准。“如何研究分析的可靠性不复存在，决策的基础便取决于金钱、利益和游说者”。④ 在20世纪，研究活动日益受到意识形态以及公共传播因素的影响，渐失其价值中立的本性。⑤ 本书考察了关于美国国内经济、政治体制和民主实践的争鸣和不断发展的见解，关心的问题是美国政治的极化及其对美国民主制度的影响。即使那些致力于在其研究活动中保持平衡和中立的智库，一般也容易被决策者和赞助者看作有其意识形态上的归属。

---

① 唐纳德·埃布尔森：《美国智库》，载于戴安·斯通等主编：《各国智库比较研究》，曼彻斯特大学出版社1998年版，第113页。

② 同上，第124页。

③ 唐纳德·埃布尔森：《从历史看智库与美国外交政策》，美国国务院电子刊物《美国外交议程》2002年11月第7(3)号，第9—12页。

④ 安德鲁·里奇：《智库、公共政策与专业的政治》，剑桥大学出版社2004年版，第214—215页。

⑤ 同上。

第三章　政策共同体，政策倡议联盟与认知共同体

智库的影响大小主要是看智库能否与一张政策制定网络成功互动，这一网络包括政策共同体（policy community）、政策倡议联盟（advocacy coalitions）以及政策话语联盟（discourse coalitions）。一张政策制定网络包含了位于政府内部以及处于政府之外的行为者，他们内外合力推动政策的制定与实施。智库通过这一网络被纳入决策进程当中。多元论者（Pluralists）总是强调这一网络提供了开放及非正式参与方式。然而，人们也认识到政策制定网络为了维护既得利益和既得优势而抑制变革这一点。网络通过锁定选区而对政治责任构成损害。①

> "学者们把智库当作与决策者有密切和长久联系的精英组织，多元论者将智库视为众多非政府组织的一种，志在影响公共政策；或是由经常参加政策共同体和认知共同体的专家组成的机构。"②

虽然多元论者认为公共政策是利益集团相互竞争的产物，他们却没有去分析如下情况：有些机构因为成员多、经费多、工作人员多，因此在影响决策上处于比其他机构有利的地位。智库利用专业能力以及与决策者的

① 罗德，大卫・马什：《政策网络研究新探索》，《欧洲政策研究杂志》1992 年第 21 期，第 181—205 页。

② 大卫・李奇：《新派华盛顿与智库的崛起》，耶鲁大学出版社 1993 年版，第 14 页。

密切关系，在决策共同体中胜人一筹。① 研究机构建起了基础设施来保持人脉联系、凭借自身研究为行为者提供资讯。建立网络虽然不是与政治影响力看齐，却在政策执行上提高了智库的效力。智库被设想为创新之源，可以让知识权威为决策提供支持。

政策企业家力求通过建立网络来捕捉政策议程，从而知识被智库转化为政策。与媒体、商会、政党、官僚和分管机构建立联系对于他们建立网络和联盟至关重要。与政治家的非正式联系使得学者能够传播其主张、影响公共舆论。智库通过为政府机构和国会委员会提供服务，将其专业知识带入公共部门。② 作为非营利组织，公共政策研究机构负责开展具有政策导向的研究，就国内国际事务形成主张、分析、规划、建议。除此以外，这些机构常常充当学术机构和政策共同体之间的桥梁，将研究转化为决策者容易懂得的语言。③

在政策共同体内部，当智库学者与政治阶层形成了共同的价值观，就可能取得内部人身份。相比之下，具有政策倡议联盟这种形态的智库极为重视通过长期的教育引导工作来改变政策。不仅如此，这种模式的智库强调信仰、价值观和思想理念的作用，而这些因素恰恰是在决策范畴内被忽视的。认知共同体概念的关注重点是知识或行家在决策过程中的独特作用。在话语联盟中，智库重视的是提倡议，研究者和分析师的职责是就政策问题提出解决方案。④

在竞争日趋激烈的思想市场中，对外政策智库在“学术象牙塔”和“政府决策活动”之间发挥“思想经纪人”的作用。⑤ 智库靠自己的力量来影响

---

① 唐纳德·埃布尔森：《公共政策研究机构评估》(第 2 版)，麦吉尔-女王大学出版社 2009 年版，第 53 页。

② 戴安·斯通：《智库、政策建议与治理》，载于斯通等主编：《智库传统、政策研究与思想的政治》，曼彻斯特大学出版社 2004 年版，第 16—17 页。

③ 詹姆斯·麦甘：《公共政策研究行业对美元、学者、影响力的争夺》，美国大学出版社 1995 年版，第 31—32 页。

④ 戴安·斯通：《智库、政策建议与治理》，载于斯通等主编：《智库传统、政策研究与思想的政治》，曼彻斯特大学出版社 2004 年版，第 15—16 页。

⑤ 詹姆斯·麦甘：《公共政策研究行业对美元、学者、影响力的争夺》，美国大学出版社 1995 年版，第 16 页。

决策活动。他们与其他智库争着吸引政界和媒体的眼球和资助。结果是，智库通过在政治辩论中就关键议题提出倡议来博取媒体的关注。智库也由此在政府和传媒界为自己赢得一批听众。智库利用在高等院校、官僚机构和企业界建立的学者网络来设计对策。利用举办大会、专题讨论会、工作会议等场合，智库从政府、国会、军方和官僚队伍中集聚起一批人员，形成志同道合的不同行为者之间的联合。① 根据戴安·斯通的看法，认知共同体这一概念更恰当地解释了政策专家团体当中智库所起的作用。一个认知共同体是一个由跨学科的专家组成的网络，他们有着相同的世界观，共同的志向将他们的主张变成公共政策和政府计划。这种智库表现为一个学者可以被看作同一类人的共同体。通过对各个研究机构的效率和动力进行比较可以看到它们之间影响力的差异。由此可知，表现为认知共同体的研究机构能够影响政治思维和公共舆论。研究机构可以帮助认知共同体获得掌权者的支持。这种智库致力于唤起公众对新问题的关注，为的是国家能够给他们的主张以合法地位。尽管如此，认知共同体影响政策议程的能力永远也不是完美无缺的。具有认知共同体、政策共同体和话语联盟形态的政治网络这个概念，只起到说明智库与政治活动关系的作用。②

除此以外，他们对公共舆论的影响力可以通过其出版物的数量、媒体曝光度、举办大会、专题研讨会或互联网信息加以衡量。③ 就像戴安·斯通阐述的那样，思想主张需要由组织机构、专家学者传播给决策者。正因为此，智库的政治作用越来越大，通过为决策者提供分析来干预决策过程。更有甚者，智库凭借自己的思想主张间接地影响公共舆论。研究机构将其主张引入决策活动中。对于领军学者、经理人和记者来说，智库成为其推广政策改革的基地。戴安·斯通责怪政治学者目光短浅，对充当政策创新源泉、公众教育者和政策顾问的研究机构取得的成就往往报以忽

---

① 戴安·斯通：《智库、政策建议与治理》，载于斯通等主编：《智库传统、政策研究与思想的政治》，曼彻斯特大学出版社 2004 年版，第 16—17 页。

② 戴安·斯通：《智库与政策程序》，卡斯出版社 1996 年版，第 3 页。

③ 德文文献：Braml, Josef. "Deutsche und amerikanische Think Tanks. Voraussetzungen für ihr Wirken", *Wissenschaft und Frieden* 2004 - 4: Think Tanks. p. 1.

视态度。①

沙巴提耶与詹金斯-史密斯关于政策倡议联盟的理论为分析对知识的长远利用提供了一个概念框架。思想工厂像交流小组(communication panel)一样运转,在研究人员、记者和决策者之间形成合适的政策。在政策倡议联盟模式下,通过服务于特定行为者的智库提出主张这种方式,所有的政治倾向都被纳入进政治话语。他们参加研讨会的行为会导致政策联盟的社会化,从而打破具有政治倾向的团体的局限性,带来学术上的效应。研究机构对政策变化造成的各大倡议共同体之间的竞争发挥影响。作为学术代理人,他们长期的分析活动和运用知识经验产生的学习效应突破了联盟与政治活动的限制。因此,两位学者都谈到了利益集团和知识之间的共生关系。② 然而,金顿(Kingdon)却提出了与沙巴提耶和詹金斯-史密斯对立的看法,认为包括决策者、职业官僚、游说者、学者和记者在内的政策企业家要对解决问题的政策倡议负责。日益活跃的游说活动可以促成当选官员之间的联合,而这种共识带来的负面作用是压制了政策的多种选择。如果动员了足够的资源,协商与要价会促使特定政策得到实施,否则政策提议就不会在议程中得到反映。对问题加以界定先于将问题列入公共事务议程,而替代性方案在得以一展身手之前要求有一个长期为之奔走呼吁的过程。政策企业家追求的是让决策者接受他们对问题的界定,为此,他们以书面形式评估政府履职的情况、提出抱怨、对官员进行拜访,以引导政府议程。通过唤起公众对问题的重视,专家们力图将他们的问题传播给政治共同体。出于此原因,智库学者将解决方案与问题捆绑在一起兜售,引起决策圈对问题的关注,促使决策者将他们的政策建议付诸实施,以实现自身的利益诉求。③

虽有上述这些批评,斯通还是宣称认知共同体是一个媒介,负责评估政策议程、把讨论限定于重要议题、唤起掌权者对政治议题的重视。在认

---

① 戴安·斯通:《智库与政策程序》,卡斯出版社 1996 年版,第 1 页。

② 沙巴提耶,詹金斯-史密斯主编:《从政策倡议联盟看政策转变与学习》,西方视野出版社 1993 年版,第 1 页。

③ 约翰·金顿:《议程、选项与公共政策》,布朗出版社 1984 年版,第 213—215 页。

知共同体中，研究机构充分表现出了自己的潜力，虽然斯通也批评特定机构编织网络的活动主要是在向公众兜售其主张。在这种环境下，斯通还提到打着慈善培训中心幌子的政策企业家在各种思想主张的竞争中接管特定政策倡议业务。因此也必须对他们的主张、政策建议、对议程和公众的影响力进行考察。[①] 格伦(Gehlen)则指出，这些研究机构的政策建议对于政策流(policy stream)的作用并不鲜明，他们不再提供可供选择的专业服务，不推动知识的提高，也不拓展问题解决方案的思路。他们只是一味地推广自己固有的价值观。

---

① 戴安・斯通：《智库与政策程序》，卡斯出版社 1996 年版，第 6 页。

第四章　智库政治影响的理论阐释

第一次世界大战后首批出现的对外政策智库，其根基是通过为国际关系研究作学术贡献体现出来的。在他们的教导下，外交官变成了由研究机构推出的分析方法和理论武装起来的实践者，从而使他们在对外关系中的政治地位得到确认。智库被形容为科学研究与政治实践相互动的当代模式。智库对海量的知识、事实、信息加以过滤提炼，服务于决策工作。① 随着美国成为国际事务中的霸权国家以及冷战的发展，对外政策智库也得以迅速成长。②

唐纳德·埃布尔森认为，对特定智库在特定决策活动中的影响大小进行评估几乎不可能。由于方法论的困境，很难在众多智库提出的政策建议和决策者的决定之间建立起因果关系。不过，通过展示智库与政治家及公众的关联性，有可能就他们在政治进程中的作用得出结论。在美国，智库为了在地方、州和全国范围围绕权力和优势展开竞争，会试图去影响公共舆论和公共政策。③

> "学者们使用各种各样的指标来评估决策过程特定阶段智库的影响力和政策关联度，如媒体引用率、参众两院听证次数、为政府部门提

---

① 戴安·斯通：《智库与政策程序》，卡斯出版社 1996 年版，第 6—7 页。

② 同上，第 18 页。

③ 唐纳德·埃布尔森：《美国智库》，载于戴安·斯通等主编：《各国智库比较研究》，曼彻斯特大学出版社 1998 年版，第 107—126 页；唐纳德·埃布尔森、艾佛特·林奎斯特：《北美智库》，载于肯特·韦弗，詹姆斯·麦甘主编：《智库与公民社会》，事务出版社 2000 年版，第 107—108 页。

供咨询等。智库的媒体曝光和出席立法委员会会议的次数也许能为了解特定机构提供参考。"①

欲衡量智库对美国外交政策的影响，就要求对白宫和各部门之间错综复杂的决策程序加以考察。然而，要通过国会听证和私人联系来确认智库对决策者影响大小却不容易。不过，在克林顿和小布什两位前总统的任内，智库专家的参与配合却足以证明他们的政治作用。智库在年度报告中经常把往届政府的杰出官员担任智库研究人员的事例，作为反映其正式的政治影响力的指标；政治影响力也同样体现在原智库成员出任现政府的高级行政职务。②

显然，国会、官僚机构、政党、智库和媒体在美国外交政策决策过程中扮演着重要角色。为了分析它们对美国外交的影响，学者们运用"政策周期"(policy cycle)这一方法，把注意力集中到美国外交的制度起源和制度环境上来。国会与政府各部门之间的竞争，为智库凭借其政策主张影响决策提供了机会。智库对决策的这种影响是来自跟白宫、部长、政党、州长和议员之间存在的私人联系。不仅如此，原来在智库工作的学者还在高级政府职位上为国服务。③ 当政策主张进入更大范围的公共辩论时，他们的政治经验和相关建议能够与决策活动产生更大的关联性。④

与德国的政党基础不同，美国政党不培养未来一代政治领袖，也不发展自己的政治主张。在美国去中心化的、各自为政的政治体制中，政党的重要性可谓江河日下，智库也因此有了极大的可能推广其价值观。⑤ 虽然智库曾经在美国公共政策决策过程中受到忽视，但如今美国的政治观察者

---

① 唐纳德·埃布尔森：《公共政策研究机构评估》(第 2 版)，麦吉尔-女王大学出版社 2009 年版，第 15 页。

② 德文文献：Gehlen, Martin. *Politikberatung in den USA. Der Einfluß der Think Tanks auf die amerikanische Sozialpolitik*. Frankfurt a. M. 2005, pp. 35 - 36.

③ 同上，pp. 34 - 36.

④ 德文文献：Glaab, Manuela & Metz, Almut. "Politikberatung und Öffentlichkeit", In: Falk, Svenja (ed.), *Handbuch Poltikberatung*. Wiesbaden 2006, p. 167.

⑤ 德文文献：Braml, Josef. "Deutsche und amerikanische Think Tanks. Voraussetzungen für ihr Wirken", *Wissenschaft und Frieden* 2004 - 4: Think Tanks. In www.wissenschaft-undfrieden.de/seite.php? artikelIId = 0337, p. 5.

们却开始探究智库的界定、影响,且不时推动贯彻政策主张的程度。①

在20世纪,除伍德罗·威尔逊外的所有美国总统在其任期都会支持一家研究机构,虽然直到20世纪80年代学者们才开始思考他们对政治的影响力。尽管对于当选官员所主张的政策是满意的,但历届政府仍然经常性地向智库寻求建议和资讯。智库的影响也许仅限于搭建政策议程、提出备选方案、提供社会问题的解决思路。最后由当选官员对自己所选的解决方案和推行的新的政策主张负责。在戴安·斯通看来,智库的影响由此呈现发散的、多样的状态,难以精确地加以衡量。②

智库对美国外交政策的影响可以从美国宪政的权力制衡以及由此带来的决策过程碎片化中得到解释,可以从智库学者进入政府的旋转门机制中得到解释,可以从缺少文官制度和政党纪律薄弱中得到解释。③ 不仅如此,美国政治制度依靠的是政府分权,一个政党入主白宫,另一个政党则掌控国会。④ 虽然白宫不能在国会行使立法权,但是人们不禁要问,如果行政机构能够利用智库来帮助自己推广其改革主张、引导舆论,情况又会如何呢?在1994年共和党人改组了国会后,保守主义的智库比其自由主义同行更经常受邀参加国会听证会,媒体曝光度也更高。⑤ 这也是为什么本书要关注新保守主义者的作用的原因,如果他们控制了议程,那么进而就会影响决策过程。⑥

智库影响力也经常通过书籍销售量、媒体曝光率、智库学者在国会听证会上陈述政策主张的次数来加以衡量。民意调查显示,华盛顿的决策者

---

① 唐纳德·埃布尔森:《美国智库》,载于戴安·斯通等主编:《各国智库比较研究》,曼彻斯特大学出版社1998年版,第107页。

② 戴安·斯通:《智库与政策程序》,卡斯出版社1996年版,第2—3页。

③ 德文文献:Katz, Richard S. *Politische Parteien in den Vereinigten Staaten. Fokus Amerika der Friedrich-EbertStiftung Nr.* 7, Washington, D.C. 2007.

④ 德文文献:Reinicke, Wolfgang H. *Lotsendienste für die Politik: Think Tanks-amerikanische Erfahrungen und Perspektiven für Deutschland.* Gütersloh 1996, pp. 8-9.

⑤ 德文文献:Braml, Josef. "Politikberatung amerikanischer Think Tanks", In: Falk, Svenja (Hrsg. u. a.), *Handbuch Poltikberatung.* Wiesbaden 2006, p. 573.

⑥ 德文文献:Arin, Kubilay Yado. *Die Rolle der Think Tanks in der US Außenpolitik. Von Clinton zu Bush Jr. Wiesbaden*, VS Springer 2013.

们赞赏倡议型智库，是因为智库成员对政策讨论有贡献，有利于将公众的注意力吸引到现实事务中。此类智库一般都致力于改变精英阶层的观点，从而将其中长期研究纳入法律。这些智库的经济状况及其学者们的实际政治经验反映了智库的意识形态导向及其项目的涵盖面。他们的研究活动归根到底反映了他们学术成果的意识形态解读，反映的是与决策者的密切程度，而不是什么学术标准。① 就像是为了奖励当权者，政治共同体因为智库学者通过将其决策建议向公众传播来给反对派施加政治压力从而消弭反对，而高度肯定他们的政治专业性。②

埃布尔森认为，衡量智库影响力的尝试面临着方法论上的制约。在多元社会，媒体享有极大自由，思想工厂能够说服决策者和公众接受自己的价值观、信服自己的专业能力。为此目的，研究机构追求向国会议员、智库捐赠者以及媒体伙伴传播其最新的研究和发现。里根执政时期，传统基金会和美国企业研究所试图成为共和党的意识形态大本营，他们直接卷入保守主义政府的事务，支持精英大企业的野心。③

本书考察智库如何就外交政策竞争影响力。对自由主义和保守主义政府任内的情况进行比较，能够解释为什么民主党人担心共和党人所主张的孤立主义以及后来的单边主义。相反，共和党人担心国家无法建立强大的国防，从而给其他国家威胁美国提供可乘之机。④

多元主义论者认为，智库是另一种形式的利益集团。虽然如此，多元主义论者必须承认决策者在影响利益群体竞争的结果时往往有自己的既得利益诉求。与其寻求政策参考意见，决策者寻找的是能推进其议程的机构。⑤ 总统候选人找的是一批分享自己的信仰、价值观和政治观的智库。

---

① 理查德・西哥特，戴安・斯通："英美外交政策智库的影响力研究"，载于《国际研究评论》1994 年 1 月第 20 卷第 1 号，第 15—34 页。

② 德文文献：Glaab，Manuela & Metz，"Almut：Politikberatung und Öffentlichkeit"，In：Falk，Svenja（ed.），*Handbuch Poltikberatung*. Wiesbaden 2006，p. 165.

③ 唐纳德・埃布尔森：《美国智库与新媒体》，载于《女王季刊》1992 年第 99(4)号，第 849—872 页。

④ 沃尔特・米德：《处于世界险情中的美国大战略》，克诺夫出版社 2004 年版。

⑤ 唐纳德・埃布尔森：《公共政策研究机构评估》(第 2 版)，麦吉尔-女王大学出版社 2009 年版，第 53 页。

就像小布什总统会去向美国企业研究所、新美国世纪计划、胡弗研究所寻求政策建议。不仅如此,金里奇执掌国会时期的国会议员们决定哪一位智库学者应当在决策过程的关键阶段在国会委员会面前做陈述。这就是在涉及国家安全、人权、公民自由、美国外交政策的单边和多边处理途径上涌现问题时,外交政策部门、智库学者和学术工作者如何进行互动的情况。① 国会山与白宫之间的相互竞争导致对智库专业服务的需求大涨,以致宾夕法尼亚大道两侧智库机构的人员大增。②

① 唐纳德·埃布尔森:《智库、布什政府与美国外交政策》,载于英得基特·帕尔默等主编:《美国外交新方向》,劳特里奇出版社 2009 年版,第 92—105 页。

② 德文文献:Braml, Josef:"Politikberatung amerikanischer Think Tanks", In: Falk, Svenja (Hrsg. u. a.): *Handbuch Poltikberatung*. Wiesbaden 2006, p. 573.

第五章　政治制度的碎片化与唱反调者

美国政治制度的特点表现为美国例外论。如果不了解其作为上帝选民的立国神话，就无法理解美国这个国家。美利坚民族以宗教和道德来自我标榜。其宗教观念通过激发旧约的上帝之国而得到重申，而其道德合理性来自美利坚民族体现的是尘世间的善。[①] 用温斯洛普[②]的话说，"山巅之城"产生于广受信奉的美国公民宗教所宣扬的事实：美国是人与上帝立约而产生的国度。[③]

美国的话语特别强调智库是美国政治制度的独特产物。例如美国历史学家詹姆斯·史密斯（James Smith）把智库称为美国政策规划体制的独特成分，是在国家决策过程的边缘运作。[④] 他对智库在美国生长繁衍给出的解释经常指向美国政治制度的独特特性。史密斯认为，智库的茁壮发展离不开其赖以成长的环境。智库在美国的独特规模反映了美国宪政的分权、两院制的立法，以及源于选举政治的政党制度，而非意识形态和文官制度所带来的自上而下的任命制。[⑤]

20 世纪初，智库追求对美利坚民族以及决策者进行教导启蒙，而不考虑为自身谋利益。这些机构给企业界和媒体所提的政治建议，为其委托人

---

① 德文文献：Haller，Gert. *Die Bedeutung von Freiheit und Sicherheit in Europa und den USA*. APuZ，5－6/2008，p. 10.

② 译者注：约翰·温斯洛普，生于 1588 年，卒于 1649 年，英属北美时期任波士顿总督。

③ 詹姆斯·斯基林：《与世界为伍还是对抗？美国在国家之林中的角色》，兰纳姆出版社 2005 年版，第 15 页。

④ 詹姆斯·史密斯：《智库与美国新政策精英的崛起》，自由出版社 1991 年版，第 XII 页。

⑤ 同上，第 XV 页。

节省出时间从事更重要的工作。凭借其获得的社会科学学位、掌握的技术和方法以及从政经验，智库的专家学者提供的服务确保了专业性和学术性。[①] 不过，也有对政客、记者、经营者和专家之间结成关系网络的担心。带着这样的眼光，政治学家意识到这些关系网络会滥用其政治影响和学术信誉来为其赞助者的特殊利益服务，而置公共利益于不顾。大卫·纽桑(David Newsom)指出，智库代表了决策共同体当中多种组织中的一种。在美国多元化的制度条件下，智库与利益集团、工会、环保组织以及非政府组织一样，竞相吸引决策者的关注。鉴于政府被看作非政府组织间竞争的调节者和裁判，多元论者不去评估政府的优先事项。他们不把公共政策看作是反映政府的特定使命，而是看作利益集团竞相影响公共政策的结果。[②]

戴安·斯通因此将智库定义为"从事政策分析的相对自治的组织，独立于政府、政党和压力集团"。[③] 但智库却往往在资金上依赖这些捐赠者。资金有可能从政府那里获得，但智库注定要保持研究自由，要从法律上拒绝任何特殊利益的影响。学术分析对于决策活动是施加影响、提供咨询，而非直接进行游说。严密的政策分析与其理念相关。为了这一目的，智库对信息重新整合，以影响政客和官僚阶层，但也面向媒体、利益集团、企业领导和公民社会。

论及决策过程的碎片化，詹姆斯·史密斯认为伍德罗·威尔逊对由专家把持政府的恐惧并未过时。史密斯指出，威尔逊相信民主靠的是恪尽职守的业余人士，他们懂得政策主张的具体应用，能用人尽皆懂的语言表达政见。而依史密斯之见，我们今天面对的却是政策精英的独裁统治，已经导致美国政治出现极化、短视、碎片化的现象。他们无休无止的争论使民众陷入对思想战争的挫败感中。[④]

---

① 戴安·斯通：《智库与政策程序》，卡斯出版社 1996 年版，第 16 页。

② 大卫·纽桑：《外交政策的公共维度》，印第安纳大学出版社 1996 年版，第 141—162 页。

③ 戴安·斯通：《智库、政策建议与治理》，载于斯通等主编：《智库传统、政策研究与思想的政治》，曼彻斯特大学出版社 2004 年版，第 1—2 页。

④ 詹姆斯·史密斯：《智库与美国新政策精英的崛起》，自由出版社 1991 年版，第 237—239 页。

“重点会放在内外部各种制约美国智库参与决策的因素上，也会放在决策者向智库寻求政策建议的驱动力上。特别探究智库何以日益依靠媒体来影响政治对话以及这一策略的某些含义为何”。①

正如韦弗指出的那样，弱小的、相对非意识形态的政党通过几种途径强化了智库的作用。美国政党制度最重要的特性就是政党并不在政治发展进程中，通过建立自己的研究力量来发挥主要作用。而智库则通过向国会议员和行政官员提供行之有效的政策建议，填补了这一真空地带。② 就第一代智库而言，其资金用来支持长期的研究项目，以吸引学术共同体对社会问题的关注，虽然这些智库也把决策者作为其优先的听众。用肯特·韦弗的话来说，像布鲁金斯学会和美国外交关系学会这样的智库更像是没有学生的大学。③

在乔治·策白利(George Tsebelis)看来，唱反调者(Veto players)，即“个体或集体行为者的态度会导致现状改变”。个体行为者可以是总统，集体行为者可以是国会，无论哪一个，唱反调者都因其机构属性或政治属性而引人瞩目。美国政治制度赋予国会唱反调者的作用。唱反调者是所有能够阻止政治改革的行为者。控制议程使唱反调者，即智库、企业或军方，能够为了自身利益，通过向当选官员施压来更改决策，而这可能会破坏整个政治制度。④

要更好地了解外交政策智库，需要对其活动和专家的理念进行考察。政策共同体、认知共同体(epistemic communities)、政策倡议联盟、政策营销者以及网络理论的研究方法，使观察者能够看清这些复杂活动以及智库动机的全貌。这些智库充当讨论的重要平台。智库借由其理念发起讨论，为解决问题的长期方案提供媒介。⑤ 在约翰·金顿看来，整个政治光谱中

① 唐纳德·埃布尔森：《公共政策研究机构评估》(第2版)，麦吉尔-女王大学出版社2009年版，第15页。
② 肯特·韦弗：《智库所处的变动世界》，载于《政治学与政治》1989年9月号，第570页。
③ 同上，第566页。
④ 乔治·策白利：《唱反调者：政治机制如何运作》，普林斯顿大学出版社2002年版。
⑤ 戴安·斯通：《智库、政策建议与治理》，载于斯通等主编：《智库传统、政策研究与思想的政治》，曼彻斯特大学出版社2004年版，第10—11页。

不同派别之间的共识与其说来自为争取政治支持而进行的游说活动，不如说是来自讨价还价和彼此间的协商。当选的政府官员通过让步、妥协和接受临时性的措施，以换取其他派别支持其推行自己的政策主张。为一项法律进行的讨价还价要想在国会中赢得可持续的多数支持，就要放弃原有的立场。①

对许多智库来说，与国会过从甚密为它们与美国选民之间提供了直接联系，也使其能够对公共舆论和政治发挥影响。②“对公共意志显而易见的微弱影响可能会令民主理论的追随者失望”。③《联邦党人文集》的作者之一詹姆斯·麦迪逊认为，宪法规定的分权制应该能够阻止不代表广泛民意的游说团体控制国事议程。④ 那么试问20世纪美国有组织的经济利益集团是否为了一己之私而影响美国的外交政策?⑤ 美国公民这么问实属正当：究竟谁在统治国家?⑥ 政策是由财大气粗的智库说了算的，牺牲的是政治和经济影响力弱的非政府组织的利益。⑦

然而，制度主义者却指出局外人能够轻易地决定思想提供者对政治议程的态度，在此过程中既不会看到意识形态之争，也不会看到精英的利益在起作用。相反，在独立和中立的政策专家之间进行的是一场有理有据的对话。⑧ 确实，智库无疑把诸如企业这种组织的利益置于公共利益之上。但是，在为政客提供咨询和教育公众方面，智库又发挥着关键作用。⑨ 不

---

① 约翰·金顿：《议程、选项与公共政策》，布朗出版社1984年版，第208页。

② 大卫·李奇：《新派华盛顿与智库的崛起》，耶鲁大学出版社1993年版，第164页。

③ 劳伦斯·雅各布，本杰明·佩芝：《谁在影响美国外交政策?》，载于《美国政治学评论》2005年第99卷第1号，第121页。

④ 唐纳德·埃布尔森：《智库与美国外交政策》，麦吉尔-女王大学出版社2006年版，第110页。

⑤ 理查德·西哥特，戴安·斯通：《英美外交政策智库的影响力研究》，载于《国际研究评论》1994年第20卷第1号，第17页。

⑥ 德文文献：Glaab, Manuela & Metz, Almut. “Politikberatung und Öffentlichkeit”, In: Falk, Svenja (ed.), *Handbuch Poltikberatung*. Wiesbaden 2006, pp. 169.

⑦ 理查德·西哥特，戴安·斯通：《英美外交政策智库的影响力研究》，载于《国际研究评论》1994年第20卷第1号，第15—34页。

⑧ 詹姆斯·麦甘：《公共政策研究行业对美元、学者、影响力的争夺》，美国大学出版社1995年版，第106页。

⑨ 同上，第96页。

过，美国政治和美国公众对专家的不信任却在增加，因为人们普遍认为他们的观点含有意识形态动机。①

虽然麦甘将政策过程碎片化归咎于当选官员的短期行为取向以及政党内部团结不足，与其说智库是问题本身，不如说智库是这些问题带来的现象。尽管智库导致政治流程复杂化，为了限制讨论和创新而使决策程序失效并遭人诟病，但智库只是对政治环境中的混乱状况作出反应，就算智库也会添乱，却不是始作俑者。在一个多元化的社会，权力处于分散状态，政党影响力微弱，政策研究机构和其他利益集团在政治流程中起着积极的、稳定态势的作用。②

在政党弱化、政党提出政策的能力弱化与涌现独立的集团或机构之间存在着联系，考虑到大众型政党一度自诩的议程设定作用，这往往与特定的领导或党内的发展趋势息息相关。民主制度中的压力集团通过设立政策研究机构来加重自己主张的分量，也为了利用研究机构的免税地位来为竞选或公开的游说活动助上一臂之力。③ 政党也同样会利用正规的自治机构（民主党领袖委员会，海盗党），这些机构不会直接行使政党领导权或者在不同的政策倾向之间引发讨论。④ 通过邀请声名显赫的决策者参加研讨会、为总统当顾问、加入国会的专门委员会以及政府换届的过渡团队，智库在决策活动中扮演着举足轻重的角色。⑤ 由于美国的政治制度属于弱政党制度，从而鼓励国会为投票者去谋求利益，跟随的是游说集团而非政党，不用担心与特定的智库及其思想走得太近会破坏政党的团结。⑥

---

① 德文文献：Gehlen，Martin. “Kulturen der Politkberatung-USA”，In：Bröchler，Stephan/Schützeichel，Rainer（eds.），*Politikberatung*. Stuttgart 2008，p. 486.

② 詹姆斯·麦甘：《公共政策研究行业对美元、学者、影响力的争夺》，美国大学出版社 1995 年版，第 44 页。

③ 威廉·华莱士：《思想与影响力》，载于戴安·斯通等主编：《各国智库比较研究》，曼彻斯特大学出版社 1998 年版，第 226 页。

④ Reinicke，Wolfgang H. *Lotsendienste für die Politik*：*Think Tanks-amerikanische Erfahrungen und Perspektiven für Deutschland*. Gütersloh 1996. p. 39，pp. 46 – 47.

⑤ 理查德·西哥特，戴安·斯通：《英美外交政策智库的影响力研究》，载于《国际研究评论》1994 年第 20 卷第 1 号，第 33 页。

⑥ 安德鲁·里奇：《思想之战》，载于迈克尔·卡辛等编：《探寻进步主义美国》，宾夕法尼亚大学出版社，第 73 页。

保守主义智库在数量上是自由主义智库的两倍。作为保守主义政治架构的组成部分，基金会、经理人、记者、决策者、研究机构都在推广尊重传统、家庭观念和不受节制的自由市场等理念。由于得到右翼智库的支持，共和党人在思想理念之争中优势尽显。在决策活动中，政治斗争比达成共识和妥协重要得多。国会因党派之争而分裂为两大对立阵营①，双方互不让步，政策创新陷入了僵局。② 在这种情况下，智库成了意识形态色彩浓厚的政策主张的积极倡导者，在考察与自己冲突的主张时根本不打算秉公而论。③

统治阶级将公民社会的一系列制度所催生出来的概念都赋予本阶级的属性，而社会革命则需要打破意识形态霸权，创造一种深受大众支持的新文化和新人文社会观。④ 为此，新保守主义知识分子呼吁重新明确国家的权威、削减社会福利开支、在国内为企业松绑。⑤ 国会需要中央集权，总统的权力需要加强，政党的活力需要重新焕发。⑥ 这些主张反映了追求"秩序"和"稳定"的价值观，为以后能够想到的结果设定了界限。⑦

---

① 约瑟夫·佩谢克：《政策规划组织：精英议程与美国的右倾趋向》，坦普尔大学出版社1987年版，第241页。

② 同上，第90页。

③ 艾伦·莱普森：《亨利·史丁森中心》，载于詹姆斯·麦甘主编：《美国智库与政策建议：学者、顾问与倡议者》，劳特里奇出版社2007年版，第95页。

④ 约瑟夫·佩谢克：《政策规划组织：精英议程与美国的右倾趋向》，坦普尔大学出版社1987年版，第229页。

⑤ 同上，第40—41页。

⑥ 同上，第209页。

⑦ 同上，第241页。

第六章　外交关系协会、布鲁金斯学会和新保守主义倡议型智库

布鲁金斯学会、外交关系协会和卡内基国际和平基金会的创立可以追溯至20世纪早期进步主义运动方兴未艾之际。其目的是改进政府运作，减少腐败和削弱党魁操纵力，完善美国民主制度。[①] 这些没有学生的大学由十几个学院组成，专门撰写学术研究报告，从事教学，承担行政管理工作。因其主要任务是推广涉及重大社会、经济和政治事务的思想认识，使它们显得像是大学。但是不同于大学的是，它们举办的研讨会、做出的研究成果主要服务的是决策者而非学生。[②]

美国最悠久也最受尊敬的智库布鲁金斯学会和外交关系协会为自己营造了独立智库的美誉，把提供客观研究和中立、理性、独立的分析作为首要任务。[③] 早期的研究机构之所以不可或缺，在于其帮助政治领袖勾画美国未来的发展蓝图。通过从事政策研究而不是鼓吹政策主张，20世纪早期的智库与决策者建立起了密切、持久的纽带。虽然这些机构吸引了众多持不同政治信仰的政策专家，自身却几乎没有转变为意识形态的战场。[④]

虽然有个体学者时不时会支持或反对政府的政策，但是他们以及他们

---

① 霍华德·威亚尔达：《美国企业研究所的起起落落》，列克辛顿出版社2009年版，第3—4页。

② 唐纳德·埃布尔森：《公共政策研究机构评估》（第2版），麦吉尔-女王大学出版社2009年版，第18—19页。

③ 同上，第23页。

④ 唐纳德·埃布尔森：《美国智库》，载于戴安·斯通等主编：《各国智库比较研究》，曼彻斯特大学出版社1998年版，第111页。

所属机构的主要目标却并非要把他们的政治议程强加给决策者，而是为了使决策过程得到改进、变得更为合理。由于这些机构既不谋求政府资助，也很少得到政府资助，他们就能批评政府的政策，却不用担心得不到卡内基、洛克菲勒、福特这样的慈善家的捐赠。在埃布尔森看来，早期的政策研究机构不太容易屈从于捐赠者党派立场的压力，而是坚持走学术研究之路。① 外交关系协会为布雷顿森林体系准备了一个制度架构，包括国际货币基金组织、世界银行、关税和贸易总协定等，以帮助这些国际组织的成员国克服临时性的贸易逆差，并向其提供贷款以推动战后经济复苏。② 虽然美国对欧洲进口商品降低了关税，移除了欧洲复苏的壁垒，并通过马歇尔计划为其提供援助，但欧洲人却在美国许可之下继续对美国商品保持部分壁垒。对于美国国家安全而言，饱受战祸的经济体复苏为美国出口提供了市场，金融援助被用来阻止各国共产党赢得选举。③ 美国全球经济扩张依托于布雷顿森林体系的政治基础以及美国霸权支撑的安全网络。④ 美元成为世界主要储备货币。⑤

布鲁金斯学会与拥护自由贸易的企业界和学界联合起来推动改革，推广后 1945 美国政治经济主导思想——凯恩斯主义。就像该学会的领导效命于经济顾问委员会(the Council of Economic Advisers)所显示的那样，布鲁金斯学会一直与美国建制派的自由国际主义一翼站在一起。不过 20 世纪 70 年代以来兴起的对保守主义的挑战也在布鲁金斯近来的活动中得到反映。新右派带来了关于货币政策、资本形成、取消干预以及对苏联政策的新关注。伴随经济危机对主流自由民主资本主义思想造成的冲击，一度自信满满的布鲁金斯-凯恩斯主义也处于退却之中。⑥

---

① 唐纳德·埃布尔森：《美国智库》，载于戴安·斯通等主编：《各国智库比较研究》，曼彻斯特大学出版社 1998 年版，第 111 页。

② 约瑟夫·佩谢克：《政策规划组织：精英议程与美国的右倾趋向》，坦普尔大学出版社 1987 年版，第 42 页。

③ 同上，第 40—49 页。

④ 同上，第 72 页。

⑤ 同上，第 43 页。

⑥ 唐纳德·埃布尔森：《美国智库在美国外交中的作用》，麦克米伦出版社 1996 年版，第 21—23 页。

只要经济产生增长和相对繁荣，布雷顿森林体系就不会遭人诟病。①然而，二十世纪七八十年代的滞涨导致了美国经济政策的政治化。自由市场的鼓吹者要求缩小政府规模、补贴美国产业界，以及对欧洲、日本的进口产品征收高关税。在当时的美国，企业政治（精英动员）主要是由经济下滑和工会在政治上的反对行动造成的。国际经济危机导致外交政策紊乱以及经济下行。美国的政治制度无法在问题定义、紧急措施、政策建议以及经济复苏战略的制定上达成较大范围的一致。② 主要是受基金会、公司和慈善机构的捐助，在布鲁金斯学会这样的智库工作的学者把像专著篇幅的研究成果当作其主要的研究产出。③ 布鲁金斯学会与传统基金会都在进行研究，并且以不同程度推销自己的研究结果。不同之处仅在于它们一个重视纯研究，一个重视政策倡议。如果把布鲁金斯学会称为政策研究机构，而把传统基金会称为倡议型智库，这未免流于表面化。将布鲁金斯学会称为世界知名的政策研究机构无异于立即赋予了其生产客观均衡研究的可靠性。反之，作为一家知名的政策倡议型智库，传统基金会应该更在乎推广其理念而非进行学术研究。这样一来，“研究型智库”的观点和建议就应该会比“倡议型智库”的观点和建议得到更认真的对待。给智库归类之所以不正确是因为智库在传达其理念时采取相近的策略。在思想市场，智库为求有竞争力经常改变自己的行为。④ 布鲁金斯学会就被指斥学术走中间路线。这种指责部分是基于该机构的学者为支持特定的总统候选人所作的贡献。⑤

随着政策倡议型智库在 20 世纪 70 年代出现，学者们认识到，比起为决策者提供有说服力的、不带偏见的建议，培育高效的营销技能更能提高它们在决策共同体中的地位，营销成为智库的头等大事，对政策专业队伍

① 唐纳德・埃布尔森：《美国智库在美国外交中的作用》，麦克米伦出版社 1996 年版，第 49 页。

② 同上，第 66—67 页。

③ 唐纳德・埃布尔森：《公共政策研究机构评估》（第 2 版），麦吉尔-女王大学出版社 2009 年版，第 18—19 页。

④ 同上，第 21 页。

⑤ 同上，第 262 页。

的政治化产生了影响。自1945—1970年一段持续的经济增长期之后，美国把本国民族主义的经济政策强加到布雷顿森林体系之上。同时出现的通货膨胀与高失业率（滞涨）破坏了美国经济。摇摇欲坠的债务结构将企业界和金融界置于破产的威胁之下，政府岁入与支出之间日益拉大的鸿沟引发了对国家发生财政危机的担忧。① 在20世纪五六十年代，布鲁金斯学会与美国企业研究所互为对头，一方为凯恩斯主义唱颂歌，一方为传统形态的市场经济辩护，随后又针对林登·约翰逊的伟大社会计划相互发难。随着传统基金会的到来，美国社会的极化与意识形态对立愈演愈烈。布鲁金斯学会属于温和的左派，美国战略与国际问题研究中心（CSIS）为中间派，美国企业研究所则是温和的右派，而在霍华德·威亚尔达（Howard Wiarda）眼里，传统基金会属于极右派智库。②

20世纪70年代，新保守主义亲近企业界的意识形态败坏了凯恩斯主义经济政策立场的名声，这又与外交政策的强硬路线相得益彰。③ 70年代以来出现的智库，最屡见不鲜的类型是韦弗所界定的政策倡议型智库。正如其名称所展示的那样，政策倡议型智库将强烈的政策导向、党派或意识形态色彩与积极进取的推销员精神相结合，以影响正在进行中的政策讨论。④ 自20世纪70年代中期以来，美国企业研究所与传统基金会就发动思想之战，挑战布鲁金斯学会作为华盛顿在经济与国内事务上所倚重的龙头智库的地位。⑤

相比之下，对外关系协会仍旧与多国资本站在一个阵营，认为对美国霸权的主要威胁来自资本主义世界内部的割裂以及第三世界的经济民族主义。自由主义外交政策建制派力主发达国家之间开展进一步合作、在南

---

① 约瑟夫·佩谢克：《政策规划组织：精英议程与美国的右倾趋向》，坦普尔大学出版社1987年版，第40—49页。

② 霍华德·威亚尔达：《美国企业研究所的起起落落》，列克辛顿出版社2009年版，第3—4页。

③ 约瑟夫·佩谢克：《政策规划组织：精英议程与美国的右倾趋向》，坦普尔大学出版社1987年版，第35—37页。

④ 肯特·韦弗：《智库所处的变动世界》，载于《政治学与政治》1989年9月号，第567页。

⑤ 约瑟夫·佩谢克：《政策规划组织：精英议程与美国的右倾趋向》，坦普尔大学出版社1987年版，第27—34页。

北贸易中作出一些让步、谋求与苏联实现缓和。[①] 但是美国霸权的衰落意味着美国货物面对日本和欧洲的进口产品正在失去竞争力，也意味着第三世界的大部分地区谋求摆脱美国的经济和军事控制，欧佩克把石油就当作这样一种武器。面对美元双倍贬值、贸易失衡以及美国制造业的保护主义压力，尼克松终止以美元兑换黄金，以改善美国的贸易与支付平衡。尼克松不顾关贸总协定规则，对大多数美国进口物品额外强征 10% 的关税。迫于美国压力，日本和西欧国家同意放宽对美国进口物品的贸易限制。[②]

对外关系协会和布鲁金斯学会要求对世界政治经济重新洗牌，在国内遭到了美国企业研究所和传统基金会的反对，他们担心决策权一旦归于国际组织，美国会失去权势。[③] 在二十世纪六七十年代，美国企业研究所以布鲁金斯学会的强劲制衡者的面貌出现。近几十年，这两家机构及其学者之间的争论大体决定了美国的经济政策的基本走向。布鲁金斯学会是自由主义智库，赞成凯恩斯主义，与民主党关系密切。布鲁金斯学会的许多经济学家曾经主持过饱受美国企业研究所诟病的战时美国经济管制工作。与布鲁金斯学会形成鲜明反差，美国企业研究所拥护自由市场经济，其引领者不是凯恩斯而是米尔顿·弗里德曼。美国企业研究所被普遍认为是大企业的喉舌和行业协会。毫不奇怪，美国企业研究所先后于 1964 年支持戈德华特、尼克松以及后来的里根竞选总统。[④]

1977 年，吉米·卡特入主白宫，采取计划削减军事支出，促进人权，与苏联实现和解，与盟国进行协调。无疑，卡特的目的是要为美国在国际事务中占领道义高地。随着冷战的退潮，一个充满自信的新美国可以超越狭隘的国家利益来塑造其外交政策，寻找破解核战争、种族仇恨、军备竞赛、

---

① 约瑟夫·佩谢克：《政策规划组织：精英议程与美国的右倾趋向》，坦普尔大学出版社 1987 年版，第 16—17 页。

② 唐纳德·埃布尔森：《美国智库在美国外交中的作用》，麦克米伦出版社 1996 年版，第 40—49 页。

③ 同上，第 72—73 页。

④ 霍华德·威亚尔达：《美国企业研究所的起起落落》，列克辛顿出版社 2009 年版，第 5—6 页。

环境破坏、饥饿与疾病等威胁的方案。到 1980 年，发展中国家的动乱、伊朗革命、民主国家继续依赖从中东进口石油以及苏联军事入侵阿富汗，导致美国外交政策强化了军事收缩。在美国内部，一场精英阶层内部围绕外交政策方向的冲突，把卡特推向了右翼。①

卡特的外交政策将美国企业研究所内各种各样的学者全部团结了起来。通过把侵犯人权提高到其他外交政策价值观和利益之上，同时又减少五角大楼的影响、削弱中央情报局的权力、贬低传统的国家利益和强权政治，卡特破坏了现实主义国际关系理论的所有原则。他批评亚洲、中东、非洲和拉丁美洲的亲美政权侵犯人权，致使伊朗、尼加拉瓜、阿根廷、巴西和萨尔瓦多的公共舆论转而反对美国。在损害美国的经济、外交、政治和军事利益之时，将美国置于输掉冷战的险境。②

自由主义者改革国际经济体系的主张遭到了传统基金会和美国企业研究所的反对。两家机构在商界的赞助者们认为，让国家承担更多国际义务或促使国际经济组织发生重大改变的计划，风险高于可能带来的收益。③对于美国企业研究所的新保守主义者们来说，要使果断的外交政策赢得支持，就必须重新赋予美国民主资本主义积极的看法。④ 因此，新保守主义者们试图诋毁国内危机、鼓励资本主义向外拓展。日益增进的繁荣应当将对社会权力结构和经济增长动因的关注转向别处。⑤ 里根将私有化、取消监管、缩减政府规模以及货币学派的供给侧经济学付诸实施。⑥

总的来说，美国企业研究所和传统基金会不把国际经济的互依互存以

---

① 约瑟夫·佩谢克：《政策规划组织：精英议程与美国的右倾趋向》，坦普尔大学出版社 1987 年版，第 107—109 页。

② 霍华德·威亚尔达：《美国企业研究所的起起落落》，列克辛顿出版社 2009 年版，第 8 页。

③ 约瑟夫·佩谢克：《政策规划组织：精英议程与美国的右倾趋向》，坦普尔大学出版社 1987 年版，第 77 页。

④ 唐纳德·埃布尔森：《美国智库在美国外交中的作用》，麦克米伦出版社 1996 年版，第 152 页。

⑤ 同上，第 241 页。

⑥ 霍华德·威亚尔达：《美国企业研究所的起起落落》，列克辛顿出版社 2009 年版，第 5—6 页。

及美国在全球化中的作用作为美国经济政策的标杆。虽然全面系统的自由化被当作目标，某些政策协调也被视为必要，新保守主义者们的议程却聚焦于通过保守的、亲商界的取消监管和限制政府来恢复国民经济的增长和收益性，由此给他们带来的福祉从美国境内外溢到全球范围。相比之下，外交关系协会和布鲁金斯学会的学者们开启了世界经济的进程，把国家政治经济的发展前景纳入其中。① 像美国企业研究所一样，传统基金会看到了立足于自由市场带动国内经济复兴的这条通向国际经济调整的路径。发展中国家注定要取消针对对外贸易和对外投资的壁垒，取消出口补贴和进口限制。②

传统基金会和美国企业研究所也不停地批评对外援助项目以及有助于增加国际货币基金组织或世界银行资源的诸多措施。在他们看来，第三世界国家应当采取自由市场的做法，削减其国有部门，为国外私有资本的自由流动敞开门户。因此，传统基金会不需要新的、麻烦的政策协调或制度建设。这一主张与美国右派的单边主义珠联璧合。③ 在越南战争导致外交政策政治化之前，美国国务院可以推行不受国内压力干扰的外交政策。④ 处于外交关系协会对立面，且在卡特和里根执政时期势力增长的一个由军官、情报人员、冷战知识分子、武器制造商组成的集团，他们组织了一个当前危险评估委员会(Committee on the Present Danger)。他们把第三世界的动乱视作苏联扩张主义的结果，认为其挑战了美国的霸权，必须通过常规军力和核军备建设予以强硬回应。⑤ 在国务院、五角大楼、中央情报局内受现实主义立场影响的卡特的批评者们，指责卡特疏远了智利、印度尼西亚、菲律宾、韩国、南非等美国的地区盟友。同时，

---

① 约瑟夫・佩谢克：《政策规划组织：精英议程与美国的右倾趋向》，坦普尔大学出版社1987年版，第93页。

② 唐纳德・埃布尔森：《美国智库在美国外交中的作用》，麦克米伦出版社1996年版，第150页。

③ 同上。

④ 霍华德・威亚尔达：《美国企业研究所的起起落落》，列克辛顿出版社2009年版，第123页。

⑤ 约瑟夫・佩谢克：《政策规划组织：精英议程与美国的右倾趋向》，坦普尔大学出版社1987年版，第16—17页。

这位民主党总统忽略了苏联的巨大军备建设及其威胁。在他们看来，由于美国的政治精神危机、文化和道德错乱，美国的军事能力面临处于下风的危险。①

在那些日子，美国知识分子发生“右倾”，被称为“新保守主义者”，随后成为美国企业研究所的智力来源。因为对伟大社会计划和左派的反越战抗议行动心生幻灭，这些新保守主义者对卡特抱有强烈的疑虑感，对苏联-阿拉伯对以色列生存所构成的威胁忧心忡忡，因此深为里根的共和党政府所吸引。② 到20世纪80年代时，外交政策像国内政策一样地政治化了。③霍华德·威亚尔达这位里根的前拉丁美洲顾问，尽管批评卡特失败的人权政策，却认为一个多面的政策，兼顾民主、人权、发展、军事改革、外交、美国压力与安全等方方面面，对于得到国会支持、建立超越党派和意识形态的共识，却是必须的。④

里根与卡特的使命不外乎是推动全球民主化，包括向反威权主义和反共产主义的团体提供援助；还包括为新出现的民主国家选举、发展市场经济、建立政党政治、培育公民社会、塑造多元社会，提供技术帮助。所有这些团体毫无异议都被认为是亲美反共团体。⑤ 霍华德·威亚尔达由此得出一个结论，认为美国永远不可能推行基辛格式的、纯粹意义的现实主义外交政策。冷静的现实主义、实用主义与理想主义的民主和人权问题之间达成妥协之际，往往也是美国和美国的外交政策运转最好的时刻。美国企业研究所的新保守主义者们整装待命，准备在美国政体的民主与人权聚光灯下既提供强硬的方案，又提供体现政治智慧的方案。⑥

传统基金会为保守的里根政府提出了一个被称为“天命领袖”

---

① 霍华德·威亚尔达：《美国企业研究所的起起落落》，列克辛顿出版社2009年版，第9页。

② 约瑟夫·佩谢克：《政策规划组织：精英议程与美国的右倾趋向》，坦普尔大学出版社1987年版，第128页。

③ 霍华德·威亚尔达：《美国企业研究所的起起落落》，列克辛顿出版社2009年版，第10页。

④ 同上，第123页。

⑤ 同上，第129页。

⑥ 同上，第105页。

(mandate for leadership)的大蓝图。[①] 与早期形态的智库不同，传统基金会把发起政治倡议上升为其存在的主要目标。这些政策倡议型智库决心在政治舞台上，在决策者、公众和媒体当中推销自己的理念。传统基金会的快速反应型政策研究，重视为国会议员和行政官员提供1—2页纸的内政外交重大事件简讯。传统基金会也重视向媒体推销自己的主张。原先在全国政治讨论中处于不起眼地位的新保守主义分子，在里根政府执政时期却能够一言九鼎。[②] 新右派那些立场强硬的组织与一个已经把自己变得更保守的中心相互竞争，享受着把罗纳德·里根送上权力宝座的同一股势力的支持。[③]

其对“天命领袖”的研究在华盛顿广为传播，并经常被媒体引用。后来，传统基金会声称自己超过60%的政策建议都被里根政府采纳。[④] 国内外相互矛盾的世俗主义为其创造机会，在美国政治文化中赢得道义和政治之争。对于美国企业研究所的思想家来说，对硬实力的追求部分地导致美国外交政策的重新洗牌，将增加的国防开支与干预第三世界的政策相结合。美国企业研究所喜欢立足于自由贸易和与苏联展开军备竞赛的外交政策。[⑤] 低强度冲突与中央情报局发动的反马克思主义的非传统颠覆行动应当能阻挡激进政权在第三世界的扩张，里根主义的这些决定因素都是传统基金会的智慧结晶。好勇尚武的新保守主义分子围绕一个身处困境的美国组织起来，准备在强人领导下重新夺回其在世界上的正当地位。这一政治转变通过美国企业研究所和传统基金会这两家主要的保守主义政策规划机构增加预算而成为可能。[⑥] 除弗兰克·卡卢奇(Frank Carlucci)和

---

① 霍华德·威亚尔达：《美国企业研究所的起起落落》，列克辛顿出版社2009年版，第310页。

② 约瑟夫·佩谢克：《政策规划组织：精英议程与美国的右倾趋向》，坦普尔大学出版社1987年版，第32页。

③ 唐纳德·埃布尔森：《公共政策研究机构评估》(第2版)，麦吉尔-女王大学出版社2009年版，第31—32页。

④ 约瑟夫·佩谢克：《政策规划组织：精英议程与美国的右倾趋向》，坦普尔大学出版社1987年版，第27—34页。

⑤ 同上，第32页。

⑥ 唐纳德·埃布尔森：《美国智库在美国外交中的作用》，麦克米伦出版社1996年版，第152页。

科林·鲍威尔两人外,里根国家安全顾问中没有一人被认为具有堪与奠定了现实主义外交传统的亨利·基辛格和兹比格涅夫·布热津斯基相媲美的分量。在威亚尔达看来,里根时期的国家安全委员会是 1947 年以来最不济的,也是最差的一届国家安全委员会。①

在里根执政时期,美国外交政策根据国家安全来界定,反映出决策的去温和化和战略思维的黩武主义,这种黩武主义的战略思维强调的是反共产主义,以及因为深刻怀疑与苏联一起搞军控的有效性而致力于做好军事准备。美国企业研究所和传统基金会取代了外交关系协会和布鲁金斯学会。② 不仅如此,外交政策日益受制于国内政治考量,不再是对非党派利益的理性权衡。几乎所有的利益集团、公共舆论党派、国会、媒体,甚至智库,无一不反映这种分化,并强化着这一分化。在威亚尔达看来,美国政治体制自越战和水门事件以后便陷入了碎片化的、分裂的、极化的境地。③

作为里根政府的顾问,威亚尔达观察到里根年代华盛顿特区各种隔阂盛行,一方面,门户之见、本党成员间相互抬举左右了国会的运作,党派过于关注本党成员重新当选议员,导致国会失去了对外交政策的影响,另一方面,威亚尔达无法相信里根的保守主义顾问们是如何参与到政党日益极化的过程中的。很难相信里根政府是在如此意识形态化的、非实用主义的、信息闭塞的水平上运作的。④ 由于保守主义的基金会支持传统基金会,却因为右翼捐赠者认为美国企业研究所过于自由主义而削减给予企业研究所的资助,企业研究所的学者们转而向统一教的文鲜明牧师(Reverend Moon)寻求财政支持。财政状况的恶化导致原本持温和保守主义立场的美国企业研究所在 20 世纪 80 年代中期转变为一家由埃尔文·克里斯托(Irving Kristol)和理查德·珀尔(Richard Perle)领导下的右翼智库、一家

① 唐纳德·埃布尔森:《美国智库在美国外交中的作用》,麦克米伦出版社 1996 年版,第 160—162 页。

② 约瑟夫·佩谢克:《政策规划组织:精英议程与美国的右倾趋向》,坦普尔大学出版社 1987 年版,第 112—113 页。

③ 霍华德·威亚尔达:《美国企业研究所的起起落落》,列克辛顿出版社 2009 年版,第 203 页。

④ 同上,第 185 页。

新保守主义思想堡垒。① 比美国企业研究所更"右"的是传统基金会，更"左"的是布鲁金斯学会。随着美国企业研究所"向右转"，布鲁金斯学会也转向中立。② 美国企业研究所里的新保守主义分子策划将温和派从这家智库强制驱逐，其中就有霍华德·威亚尔达。《华盛顿邮报》的自由派评论家西德尼·布鲁门梭（Sidney Blumenthal）不仅指责美国企业研究所管理不善，还指责该机构放弃了保守主义根基转向中立立场。③ 在美国企业研究所内部既存在意识形态对立，也存在人事之争，以及围绕未来发展道路之争。只是近些年来，美国企业研究所才因其新保守主义和亲近小布什而得以重新获得资助，并恢复其影响。据威亚尔达的观察，美国企业研究现在处于政策制定、撰写演说词、预算分析、政治攻坚战和政策倡议活动的中心地位。④

---

① 唐纳德·埃布尔森：《美国智库在美国外交中的作用》，麦克米伦出版社 1996 年版，第 225—236 页。

② 同上，第 241 页。

③ 同上，第 256—264 页。

④ 同上，第 VIII 页。

第七章　精英理论

在美国政治制度中，政党的重要性在一个日益去中心化和碎片化的政治环境下呈现式微之势。[①] 佩谢克(Peschek)、多姆霍夫(Domhoff)和戴伊(Dye)之类的精英理论家考察了智库的作用，试图利用"旋转门原理"、利用知名政治家参加智库的研讨会、利用智库学者参加国会听证会和为选战提供帮助，来证明智库的政治影响。[②]

精英理论家佩谢克提出了一个分析框架来说明政策规划组织与美国社会经济权力之间的相关性。智库的政治功能来自由两次世界大战、冷战和反恐战争后国际体系的政治变化所推动的研究机构的历史性发展。聚焦于智库学者的意识形态取向以及思想之争当中美国政治的极化，外交关系协会、布鲁金斯学会、美国进步政策研究所、美国企业研究所和传统基金会等智库的政治活动显示了"向右转"的趋势。[③]

智库在权力的走廊里谋划影响决策者的方案，包括服务于特别小组和过渡团队、与国会建立联系办公室、邀请决策者参加智库研讨会、通过与大赞助商的联系帮助竞选公职者筹款等。在研究机构和高级政府职务之间的旋转门促进了学者和前政客的事业发展。能够接触关键政治人物确保

---

① 德文文献：Braml，Josef. "Deutsche und amerikanische Think Tanks. Voraussetzungen für ihr Wirken"，*Wissenschaft und Frieden* 2004 – 4：Think Tanks. In www.wissenschaft-undfrieden.de/seite.php? artikelIId = 0337，p. 5.

② 德文文献：Reinicke，Wolfgang H. *Lotsendienste für die Politik：Think Tanks-amerikanische Erfahrungen und Perspektiven für Deutschland*. Gütersloh 1996，p. 39，pp. 46 – 47.

③ 德文文献：Arin，Kubilay Yado. *Die Rolle der Think Tanks in der US Außenpolitik. Von Clinton zu Bush Jr. Wiesbaden*，VS Springer 2013.

智库通过向立法者提供政策简报对当前的立法活动施加影响。① 精英理论家佩谢克、多姆霍夫和戴伊指出,智库在美国权力精英中间发挥着关键作用。决策力集中在一小群企业领导、决策者和舆论制造者手中。在斯通和加内特看来,精英理论的难点体现在其只关注与政党和产业界有持久纽带的知名机构。像精英理论家一样,新马克思主义者也只是拿最出色的智库案例来证明资本主义的问题需由国家来解决。由此极左人士与保守主义智库及其主张取消管控的赞助者针锋相对起来,所谓取消管控就是主张不受政府干预的自由市场。斯通和加内特认为,资本追求霸权以维护其有利地位、保证其获得利润。根据新马克思主义对智库的分类,那些充当资产阶级统治工具的、在媒体和政治中发挥主导作用的研究机构,无一例外都是致力于为资产阶级的利益去塑造舆论。②

智库赋予企业利益以科学研究的可信度,而这正是其挥金如土的赞助者所要求向媒体、大学、政治和官僚机构的关键人物兜售的。根据精英理论,智库利用自身的联系渠道服务其赞助者的政治经济利益,即"统治阶级"的政治经济利益。③ 按照这种情况,人们必须提到军工复合体或在学者、经理人和前政要三者之间结成的利益"铁三角",他们要求官方将服务精英集团的议程付诸实施,要求确保自己的金融利益,他们实际上就是一个不具名的政治游说集团,虽然不能正式以此自居,却能够让高层行政官员在届满之后获得为自己树碑立传的雄厚政治资本。④

智库是政坛的思想提供者,是大学与政府之间的中介,为政治家提供备选方案,充当新政府的智力储备库,也是离职政治家的栖息地。⑤ 特别是

---

① 唐纳德・埃布尔森:《公共政策研究机构评估》(第 2 版),麦吉尔-女王大学出版社 2009 年版,第 120—121 页。

② 戴安・斯通:《智库、政策建议与治理》,载于斯通等主编:《智库传统、政策研究与思想的政治》,曼彻斯特大学出版社 2004 年版,第 13—14 页。

③ 唐纳德・埃布尔森:《智库与美国外交政策》,麦吉尔-女王大学出版社 2006 年版,第 97—99 页。

④ 德文文献:Hennis, Michael. *Der neue Militärisch-Industrielle Komplex in den USA*. APuZ, B46/2003, pp. 41 - 46.

⑤ 霍华德・威亚尔达:《美国企业研究所的起起落落》,列克辛顿出版社 2009 年版,第 4 页。

在总统选战中，智库由于与候选人之间的密切关系，被描述为新的，有时是“创新性”的政治议程的设计师。智库被认为有责任为即将履新的政府规划政治经济议程。① 简言之，智库填补了由政府的机构臃肿、官僚主义和耗时的决策流程所造成的真空，为思想和政策的讨论提供有益的帮助，就大多数政府官员和国会议员不再有时间去深入研究的那些问题提供建议，也提供政府官员无暇去了解的背景、历史和环境分析。② 这也是传统基金会为什么在组织结构上更像报社而非大学，为什么雇用的几乎清一色都是年轻的、尚未学有所成的专家的原因。③

智库的作用是塑造公共舆论和公共政策。唐纳德·埃布尔森认为布鲁金斯学会和外交关系协会属于精英政策规划组织，但是大多数美国智库（总数约为 2 500 家）都资源不足。尽管精英理论家认为政治制度是被统治阶级主导以推进其政治、经济和社会利益的，但不是所有智库都有资源来推进精英的议程。“虽然精英理论可能会吸引人，却不能告诉我们智库在政策周期不同阶段的影响到底怎样，更不能评估智库对决策的影响。遗憾的是，精英理论不能提供正确的关联性是如何让智库影响公共政策的”。④

智库帮助界定政策讨论的边界，提供议程和备选方案，推广新思维，弥合机构与机构之间、学术界与政坛之间的分歧，为决策者提供咨询，向国会、媒体、决策者和大众提供专业知识。前新保守主义分子威亚尔达，根据自己在美国企业研究所的任职经历，认为智库是华盛顿特区最重要的行为者中的新来者，与主要的利益集团、政党和院外活动组织并列。⑤ 对于像约瑟夫·佩谢克、托马斯·戴伊和威廉·多姆霍夫这样的精英理论家来说，

① 唐纳德·埃布尔森，克里斯·丁卡伯里：《总统选举中的政策专家：智库介入选战的一种模式》，载于《总统研究季刊》1997 年第 27(4)号，第 679—697 页。

② 霍华德·威亚尔达：《美国企业研究所的起起落落》，列克辛顿出版社 2009 年版，第 4 页。

③ 詹姆斯·麦甘：《公共政策研究行业对美元、学者、影响力的争夺》，美国大学出版社 1995 年版，第 27 页。

④ 唐纳德·埃布尔森：《公共政策研究机构评估》（第 2 版），麦吉尔-女王大学出版社 2009 年版，第 50—52 页。

⑤ 霍华德·威亚尔达：《美国企业研究所的起起落落》，列克辛顿出版社 2009 年版，第 6 页。

智库不仅与政策精英常规性地进行互动，他们还成为了国家权力结构的一个组成部分。在唐纳德·埃布尔森看来，特别在美国，智库对于即将履新的新政府是一个智力储藏库。智库被描述为精英组织，由于高层决策者离职后经常到这些研究机构任职，因此处于有利位置影响公共政策。[①] "体制程序造成了制度会更听命善于组织的、富裕的、掌握技能和知识的压力集团，而不是组织涣散、贫穷、缺少技能的群体"。[②] 精英理论家认为，这些网络由少数关键行为者主导，而马克思主义者指出网络是由代表资本的利益集团所主导。佩谢克、戴伊、多姆霍夫、戴尔加多(Delgado)和克鲁格曼(Krugman)虽然不是马克思主义者，却阐释了资产阶级的权力是怎样通过自由企业政策规划组织的调解作用转化为政治统治的。许多马克思主义者追随安东尼奥·格拉西(Antonio Gramsci)，把阶级统治看作一个复杂的过程，在这个过程中，经济的、政治的、文化的、司法的行为者和行为机制融合为一，成为一个支配性的集团。知识分子和专家通过把统治阶级的思想主张美化为社会总体利益的代表，帮助建立和维护统治阶级的意识形态。但是在格拉西的概念中，支配地位从来不是绝对的。反对阶级统治的力量总是存在，就像掌权精英永远不能完全控制的体制失误总是存在一样。[③]

"美国企业研究所的公共哲学可以被称为是'统治阶级'的格拉西主义。格拉西认为现代资本主义社会的阶级统治不仅依赖于国家强制行为和具有强制性的经济关系，还依赖于支撑现有秩序的价值、信仰和道德系统的霸权"。[④] 在公司赞助者和慈善赞助者与一些智库之间存在的紧密联系，表明智库经常充当统治阶级的工具。[⑤]

智库也许会撰写立法，为演讲或听证做准备工作，像曾经的政府决策

---

① 唐纳德·埃布尔森：《公共政策研究机构评估》(第2版)，麦吉尔-女王大学出版社2009年版，第50页。

② 詹姆斯·史密斯：《智库与美国新政策精英的崛起》，自由出版社1991年版，第3页。

③ 约瑟夫·佩谢克：《政策规划组织：精英议程与美国的右倾趋向》，坦普尔大学出版社1987年版，第14—15页。

④ 同上，第229页。

⑤ 唐纳德·埃布尔森：《公共政策研究机构评估》(第2版)，麦吉尔-女王大学出版社2009年版，第50—52页。

者那样为当今的决策者提出政策选择。[①] 根据精英理论，为了换取大量的捐款，智库乐意动用其专业政策人才以及与关键决策者的人脉联系，为慷慨的赞助者推动有利于他们的政治议程。[②] “智库分析和立场报告甚至会告诉当选议员如何就各种议题进行投票”。[③] 从共和党提出的“与美国立约”到比尔·克林顿的福利改革，再到小布什的社会保障改革计划，所有的主张都来自研究机构。[④]

以前，精英学者在相对孤立的状态下开展研究工作，而今他们却在政坛上大肆亮相。他们中的许多人已经离开了象牙塔，在美国政治中扮演着积极的角色。无论在国内政策还是外交政策方面，他们都通过论坛、会议、大学讲堂、国会听证、大报上的专栏文章、电视访谈，以及发表在外交关系协会主办的《外交季刊》和卡内基基金会主办的《外交政策》杂志上的论文，以自己的主张来影响公众舆论。[⑤]

精英理论家推定统治阶级雇用研究机构来行使权力。保守势力利用保守主义知识分子来控制和鼓动美国的公共舆论。他们的政策营销活动通过在媒体上铺天盖地的宣传带来了政策变化、主导着政治议程。因此，智库的社团体现的是一种针对选民的非民主制衡力量。虽然美国选民的政治思想具有高度一致性，但智库在财政上保持着对政府和产业界的依赖，其活动不可能不呼应赞助者的特殊利益诉求。[⑥] 政治倡议、特定的选民群体或特定的政党都在要求站在自己党派立场上的研究工作，赋予其活动科学可信度和意识形态化的世界观。与其他机构相比，智库重视意识形态

① 霍华德·威亚尔达：《美国企业研究所的起起落落》，列克辛顿出版社 2009 年版，第 4 页。

② 唐纳德·埃布尔森：《公共政策研究机构评估》(第 2 版)，麦吉尔-女王大学出版社 2009 年版，第 50—52 页。

③ 霍华德·威亚尔达：《美国企业研究所的起起落落》，列克辛顿出版社 2009 年版，第 4 页。

④ 约翰·古德曼：《国家政策分析中心》，载于詹姆斯·麦甘主编：《美国智库与政策建议：学者、顾问与倡议者》，劳特里奇出版社 2007 年版，第 120 页。

⑤ 唐纳德·埃布尔森：《美国智库》，载于戴安·斯通等主编：《各国智库比较研究》，曼彻斯特大学出版社 1998 年版，第 119 页。

⑥ 戴安·斯通，安德鲁·德纳姆，马克·加内特主编：《各国智库比较研究》，曼彻斯特大学出版社 1998 年版。

上的一致性更甚于重视学术质量。[①] 其研究在公众看来是将企业和保守的政策圈子的利益结合在了一起。其结果是美国人养成了反知识分子的意识，对极化的美国社会感到不满。[②]

---

① 詹姆斯·麦甘：《美国智库与政策建议：学者、顾问与倡议者》，劳特里奇出版社 2007 年版。

② 戴安·斯通，安德鲁·德纳姆，马克·加内特主编：《各国智库比较研究》，曼彻斯特大学出版社 1998 年版。

第八章　承包政府研究项目的智库
——军工复合体的领跑者?

虽然美国社会中存在有权势的小集团不是什么新鲜事,詹姆斯·麦迪逊在两个世纪前就对其进行过描述,但智库作为政治进程中一个中心力量的出现却不免令人耳目一新。立法和行政两大部门都向政府外的专家寻求解决复杂问题和管理日趋庞大的官僚机构之道。① 第二次世界大战时期,布鲁金斯学会为战争动员工作提供指导,在战后,它又设计了马歇尔计划。该机构还为 20 世纪 60 年代约翰逊"伟大社会"计划的诸多项目的产生提供了灵感。不过,它也是罗斯福新政最激烈的反对者之一。尽管如此,在肯尼迪、约翰逊和卡特 3 位总统执政时期,布鲁金斯学会因为支持约翰逊的"伟大社会"计划和反对越南战争,与企业界疏远了关系。企业界对布鲁金斯学会的彻底失望导致他们转而去培育美国企业研究所、美国国际战略研究中心(CSIS)以及传统基金会,这对布鲁金斯学会的地位构成了挑战。布鲁金斯学会图谋通过聘用更多的共和党人来改变自身的政治形象,从而保住企业的捐款。布鲁金斯学会转向了中间立场,却没有一家主要的智库能填补它在自由主义左翼留下的空隙。②

截至 1948 年,像兰德公司这样承包政府合同的智库(其英文名称 RAND 是研究与开发的英文首字母缩写)在美国的出现,应对的主要是核子时代美国充当霸权国家给其外交工作带来的诸多新挑战。杜鲁门政府

---

① 詹姆斯·麦甘:《公共政策研究行业对美元、学者、影响力的争夺》,美国大学出版社 1995 年版,第 39—42 页。

② 同上,第 134—139 页。

对防务专家在战时所作的杰出贡献赞赏有加，在战后继续资助私人研究业务。尤其是在国防政策方面，政府对本国最优秀的防务专家极为依赖，认为他们不像政界人士那样易受党派利益的影响。[①] 联邦政府研究项目的承包机构总是依靠五角大楼提供资金。在戴安·斯通看来，这些像兰德公司一样的研究机构从事的是与技术和国防相关的工作，总是与军工复合体保持密切关系。他们受政府委托从事军事战略、军事后勤和武器装备的研究。[②] 美国企业公共政策研究所和兰德公司等第二代智库的产生，完全是因为第二次世界大战以后美国日益扩大的国际义务。军工复合体建立这些研究机构，为的是继续保留战争年代产生的庞大的国防开支。这些研究机构便聚焦于国家安全的不同维度以及如何予以维护。防务专家们成立了服务于国内事务和外交事务的保守主义智库。美国企业研究所和兰德公司都源自美国社会中一个更加保守的政治和哲学聚落，是对像卡内基基金会和外交关系协会这种机构所带来的自由主义威胁的直接回应。[③]

第二次世界大战以后，随着美国充当起霸权国家，美国决策者们希望通过咨询防务专家来应对外交政策新挑战。华盛顿向承包政府研究项目的智库慷慨解囊，换取专业服务。“这样一来，智库依赖政府合同以及同政治领袖、高级官员的强大纽带，不论产生的认识正确与否，他们的政策建议都存在倾向性”。[④] 在二十世纪五六十年代，兰德公司和美国国际战略研究中心成了美国政界的关键玩家。

这些研究机构为政府各部门和私人倡议者签约，为其提供研究服务。签约研究人员不能自称其研究是完全客观的，因为他们的研究结论如果与客户的利益太过冲突，未来客户就会把研究项目委托给他们的竞争对手。就此而言，智库重视的是拿项目，而不是知识界同行对自己的评价。[⑤] 签约

---

① 唐纳德·埃布尔森：《公共政策研究机构评估》(第 2 版)，麦吉尔-女王大学出版社 2009 年版，第 28—29 页。

② 戴安·斯通：《智库与政策程序》，卡斯出版社 1996 年版，第 14 页。

③ 詹姆斯·麦甘：《公共政策研究行业对美元、学者、影响力的争夺》，美国大学出版社 1995 年版，第 48—49

④ 唐纳德·埃布尔森：《美国智库》，载于戴安·斯通等主编：《各国智库比较研究》，曼彻斯特大学出版社 1998 年版，第 112—113 页。

⑤ 大卫·李奇：《新派华盛顿与智库的崛起》，耶鲁大学出版社 1993 年版，第 20 页。

研究由此就开始为政府和企业游说活动提供政策咨询,后者喜欢将研究外包甚于自己开展研究。① 像承包政府研究项目的龙头机构兰德公司这样的智库,在1947年至20世纪70年代主要依靠政府各部门的资助来维持运转,年度预算超过2亿美元,如今,兰德公司是美国头号国防政策智库。②自20世纪60年代起,美国国际战略研究中心与兰德公司一直在竞争美国最受尊敬的国防和外交政策智库的地位。虽然其预算仅超过2 000万美元,美国国际战略研究中心却以"前任大使、国防部长、国家安全顾问之家"著称(布热津斯基和基辛格都在此工作过)。每年,这一思想工厂都要召集决策者和专家学者召开700—800场大小会议。③

何以智库会在第二次世界大战之后雨后春笋般地出现呢?其一,美国在第二次世界大战后抛弃了孤立主义的窠臼,担当起霸权国家的重任,不得不日益依靠政策专家提供如何开展外交关系的建议,催生了美国企业研究所、兰德公司和美国国际战略研究中心。④ 其二,反战运动和民权运动唤醒了公共良知,形成了由这一时期出现的新保守主义和新自由主义智库所反映的整治国内外混乱局面的公共诉求,对外交政策建制派当中就美国在世界中应当发挥何种作用的共识发起了挑战。由于保守派学者对美国大学教师当中日益增长的自由主义偏见感到心灰意冷,他们对在类似传统基金会这样的机构中独立自主开展研究的需求日益高涨起来。⑤

第二次世界大战后美国智库产业的蓬勃发展,不仅仅改变了决策活动中政策专家与决策者之间的关系。⑥ 在智库积极推销其主张的环境中,智

① 威廉·华莱士:《思想与影响力》,载于戴安·斯通等主编:《各国智库比较研究》,曼彻斯特大学出版社1998年版,第226页。

② 唐纳德·埃布尔森:《公共政策研究机构评估》(第2版),麦吉尔-女王大学出版社2009年版,第9页。

③ 同上,第185—186页。

④ 唐纳德·埃布尔森:《美国智库》,载于戴安·斯通等主编:《各国智库比较研究》,曼彻斯特大学出版社1998年版,第115页。

⑤ 约翰·厄尔曼:《新保守主义崛起中的知识分子与外交政策》,耶鲁大学出版社1995年版。

⑥ 唐纳德·埃布尔森:《美国智库》,载于戴安·斯通等主编:《各国智库比较研究》,曼彻斯特大学出版社1998年版,第118页。

库的首要关注开始发生变化，其专业的政策服务也越来越走向政治化。[①] 精英论的理论家们，如佩谢克、多姆霍夫和戴伊，通过对智库的作用加以考察，试图证明如下因素给他们带来的政治影响，如"旋转门法则"、知名政治家参加智库主办的会议、智库学者在国会听证会上作证、为选战提供帮助。[②] 在美国的政治体制当中，在日益去中心化和碎片化的政治环境中，政党的重要性日薄西山，而"军工复合体"和"利益铁三角"不该享有的巨大影响力则不免令人质疑。[③] 一个由专家、记者、经理人、官僚和前决策者组成的利益网络，被指利用自身的关系向现任决策者施加压力，以实现精英集团的主张、维护其经济利益。[④]

在发生危机的时候，美国人求助于作为三军统帅的总统，却不求助于国会，即使美国宪法赋予立法机构外交政策大权也是如此。虽然 20 世纪 70 年代水门事件当中国会被授权控制总统借口紧急状态动用特权，而今国会却毫无与总统抗衡的意愿。[⑤] 而总统却在发生危机时求助于自己的顾问，[⑥]与国家理论相悖的是，他们做了艰难的选择[⑦]。布什主义将军事战略与推动民主相结合。在同暴君和恐怖分子的战争中，美国自视为自由、和平与人类尊严的捍卫者。在科林·鲍威尔看来，美国传统上是向全球推广

---

① 唐纳德·埃布尔森：《美国智库》，载于戴安·斯通等主编：《各国智库比较研究》，曼彻斯特大学出版社 1998 年版，第 124 页。

② 德文文献：Reinicke, Wolfgang H. *Lotsendienste für die Politik: Think Tanks-amerikanische Erfahrungen und Perspektiven für Deutschland*. Gütersloh 1996. S. 39 und 46f.

③ 德文文献：Braml, Josef. "Deutsche und amerikanische Think Tanks. Voraussetzungen für ihr Wirken", *Wissenschaft und Frieden* 2004 - 4: Think Tanks. In www.wissenschaft-undfrieden.de/seite.php?artikelIId=0337, p. 5. [July 31st, 2009]

④ 德文文献：Hennis, Michael. *Der neue Militärisch-Industrielle Komplex in den USA*. APuZ, B46/2003, S. 41 - 46.

⑤ 马丁·谢弗：《总统的战力与反恐战争：我们是否注定要再度犯错?》，载于约翰·大卫主编：《全球反恐战争：评估美国的反应》，纽约出版社 2004 年版，第 28 页。

⑥ "国家的行动不受来自社会和官僚机构的各种压力的影响。比起听任特殊利益集团将其主张强加给国家，总统及其高级官员才是最终决定国家命运的人"。见埃布尔森的著作《国会大厦的主张》(Abelson, Donald E: *A Capitol Idea. Think Tanks and US Foreign Policy*. Montreal 2006, p. 98.)。

⑦ 同上，第 120 页。

自由主义的指路明灯，美国的价值观等同于普世价值。① 康多利扎・赖斯则认为，美国的外交政策必须把自身的国家利益放在首位，也就是在权力政治中保持军事优势。②

对于美国社会中存在的新保守主义的军国主义化倾向、行政权力日益盖过国会的权力、五角大楼取代国务院，美国政治学家们均予以批判。新保守主义者赞同鼓吹美国主导下的世界经济的霸权稳定论，他们大力支持这种推论，即鉴于危险和动乱不可避免，国际体系承担不起基于多边格局的均势政治。③

新保守主义的经济和社会政策与新自由主义的减税计划很相似，都有利于从大砍医保制度和福利国家中受益匪浅的富裕阶层，这都是对医保和医疗补助计划实行私有化带来的结果，使得过去民主党人推动的新政遭到废弃。此外，批评者们将巨额美国外债归咎于由野心勃勃的军事计划体现的过渡的帝国主义扩张。④ 国家安全因此成为大规模联邦债务负担存在的合法托辞，而这一巨大负担永远阻碍着福利国家的扩大。⑤ 德国政治学家指责美国单方面追求自身的国家利益，毫不顾及国际法、美国的国际责任以及国际制度。多边主义为美国外交政策提供正当性与合法性，并减少其所付出的代价。要在全球维护美国霸权，按照克劳塞维茨的战争定义，战争是政治的延续，换句话说，战争为美国外交政策的合法性工具。⑥

---

① 科林・鲍威尔：《伙伴关系的战略》，《外交杂志》2004 年第 83－1 号，第 34 页。

② 康多莉扎・赖斯：《推进国家利益》，《外交杂志》2000 年第 79－1 号，第 47—48 页。

③ 罗伯特・杰维斯：《新时期的美国外交政策》，纽约出版社 2005 年版。

④ 赫尔・威尔逊：《后现代主义之后的资本主义》，莱登出版社 2002 年，第 63—67。

⑤ 德文文献：Hennis，Michael. *Der neue Militärisch-Industrielle Komplex in den USA*. APuZ，B46/2003，p. 46.

⑥ 德文文献：Rudolf，Peter. "USA-Sicherheitspolitische Konzeptionen und Kontroversen"，In：Ferdowsi，Mir A.（ed.），*Sicherheit und Frieden zu Beginn des 21*. Jahrhunderts. München 2002，pp. 160－161.

第九章 基金会、企业慈善事业和政治倡议活动

智库学者在美国社会的所有领域都享有很大的影响力。大卫·李奇认为,日益增长的知识提高了社会安全水平,以致智库这一新事物在进步主义时代应运而生。对社会进步的乐观信念体现为由明智之士构成的精英群体热衷于决策咨询活动。美国的掌权者也认为学术建议将服务于公益而非私利。确实,华盛顿的政治领袖们仰慕柏拉图所描绘的志愿为公共利益服务的学者阶层,深信智库学者就是这样的群体,他们秉持为客户利益着想的职业道德,面向广大非专业人士履行其公共职责。当然,观察者不应把这种脑力工作肤浅地看作只是为了追求荣誉;亚里士多德正是因此拒绝了柏拉图所提倡的“哲学王”的统治。①

政策研究机构与慈善基金会是有所区别的。慈善基金会资助研究,而不是自己做研究。像卡内基基金会和塞奇基金会这样的机构,不同于那些使用自己的钱进行政策分析和研究的基金会。与咨询机构、政策倡议团体、利益集团以及游说集团相比,政策研究机构的研究议程由智库董事会定夺,很少由外部利益来决定。戴安·斯通认为,相比于热衷在草根阶层中做工作以及搞政策倡议活动的利益集团,政策研究机构是为了研究而不是为了利益而设立的。②

美国有一个特殊之处,那就是私人慈善部门一直强大。正如卡罗尔·卫斯(Carol Weiss)所指出的那样,任何其他国家都不具备智库赖以存在的如此丰富的资源。美国的政治制度为智库的出现提供了特别有利的机会,

---

① 大卫·李奇:《新派华盛顿与智库的崛起》,耶鲁大学出版社 1993 年版,第 15 页。

② 戴安·斯通:《智库与政策程序》,卡斯出版社 1996 年版,第 13 页。

而且赋予其接触决策者的条件，从而使其形成了政治影响。相反，美国的智库可能会认为自己并不像别人认为的那样有影响力，因为美国的政治制度同时又是那么具有竞争性。正如卫斯所说的那样，在华盛顿的政策博弈中，玩家的数量众多。因此，美国智库不仅必须在智库之间进行竞争，还要与大量游说者进行竞争，以便能够说服行政和立法系统的决策者们采纳特定的政策建议，或者是更为雄心勃勃地涵盖了整个政策议程的方案。① 斯通承认许多智库以简化的方式在从事研究工作。一方面，政策研究机构渐渐融入了利益集团，日益认识到了研究和分析对于党派政策辩论的特殊价值；另一方面，智库又出现与大学相结合的趋势。不过从另一个角度看，智库似乎成为了超级政治竞选团体。为政府交接工作服务的智库已经出现，它们为候任总统提供政策建议。总统们都希望成立自己的智库以协助其制定大政方针，同时他们又可以从中调拨竞选捐款，因为智库的非营利地位方便了总统候选人避开国家对竞选捐款设置的上限。②

特别值得一提的是，第三波崛起的保守主义政策倡议类研究机构能够大行其道，主要是由一批大手大脚的捐助者们驱动的，他们认为，只要有足够的资金，智库就可以对政治对话环境产生重大影响。③ 新右派、强硬的反共人士、自由市场的倡导者以及新保守主义者的政治影响力皆稳步上升，是商界的资助（如库尔斯公司、大通银行、惠普公司、德州仪器公司），以及右翼基金会（欧林、斯凯夫、史密斯-理查森）的捐赠使之成为可能。④

佩谢克指责工人阶级子弟在精英智库中向上流动的机会很小。大多数智库专家是从中上层阶级中招募而来的。大多数智库主管则是从盎格鲁-撒克逊民族上层白人男性中选拔上来的。⑤ 虽然许多捐助者可能把寻求缓解社会不幸、造福全体美国人作为其慈善事业的出发点，但是人们不

---

① 卡罗尔·卫斯：《政策分析机构的功能与效果》，载于魏斯主编：《帮助政府思考的政策建议机构》，塞奇出版社 1992 年版，第 6—8 页。

② 戴安·斯通：《智库与政策程序》，卡斯出版社 1996 年版，第 12—17 页。

③ 唐纳德·埃布尔森：《公共政策研究机构评估》（第 2 版），麦吉尔-女王大学出版社 2009 年版，第 34 页。

④ 约瑟夫·佩谢克：《政策规划组织：精英议程与美国的右倾趋向》，坦普尔大学出版社 1987 年版，第 27—34 页。

⑤ 同上，第 10 页。

能否认富有的赞助人也希望实施自己的议程：卡内基、福特、麦克阿瑟、洛克菲勒、巴菲特、盖茨、休利特、帕卡德、斯凯夫和索罗斯，他们个个独立地投射其影响力，但是智库需要他们的捐赠，因为智库从出版和小捐赠者那里得到的收入不足以支持其活动。财政竞争导致智库在议题、议程制定和意识形态领域的研究呈现专业化分工的局面。① 美国一些智库动辄数百万美元的预算，同时其董事会里都是杰出的企业领袖和前政要，说明智库其实是政策精英的俱乐部。大企业和慈善基金会跟与自己志同道合的智库联手，以图影响公共政策。为了保持自己坐拥的庞大预算，智库也力求从赞助者的利益出发来影响公共政策。在一个竞争愈演愈烈的思想市场中，研究机构更愿意放弃自己的中立性和公信力。②

虽然智库从事的是学术研究工作，但他们与大学是不同的。他们没有参与教学，也没有像大学一样设置学科。在“没有学生的大学”工作的研究员说到底就是员工，不能够随心所欲地按照自己的研究偏好进行研究，而是需要完成组织所设定的目标。不过智库并没有公然限制学术自由。在智库中，即使允许研究人员得出自己的研究结论，但对政策相关性的强调超过了对学术的强调。“虽然许多这类机构开展了广泛的分析，但是其目的主要是促进自己所属的社团的大业，为他们在政策之战中提供‘弹药’”。③

根据里奇的观点，专家是政坛上的演员，智库是最活跃、最高效的政治机构之一。在实践中，智库常常投入过多的资源和精力对当前的立法状况品头论足，结果却削弱了自己的社会影响力。智库评论通常是为决策者提供“弹药”。媒体对智库的关注程度和智库在新闻中经常亮相代表了他们对捐助者的投资回报。“媒体关注度证明了主顾对智库投资的合理性。此外，决策者需要借助公共舆论为其既有的政策偏好作辩护”。④

---

① 詹姆斯·麦甘：《美国智库与政策建议：学者、顾问与倡议者》，劳特里奇出版社 2007 年版，第 45—47 页。

② 唐纳德·埃布尔森：《公共政策研究机构评估》（第 2 版），麦吉尔-女王大学出版社 2009 年版，第 50—52 页。

③ 戴安·斯通：《智库与政策程序》，卡斯出版社 1996 年版，第 13 页。

④ 安德鲁·里奇：《智库、公共政策与专业的政治》，剑桥大学出版社 2004 年版，第 210—213 页。

> “私人基金会雨后春笋般的出现，以公益为目的的慈善捐赠可以轻松地避税，这一切为知识多样性提供了坚实的财政基础。能够从行政和立法部门彼此竞争的机构那里获得公共资金，则进一步扩展了智库的发展机会。华盛顿的三权分立和开放的政策讨论环境，使得任何希望影响政策辩论的人士很容易卷入其中，同时也鼓励了政策主导者为其主张寻求论据。没有其他的政治制度能够像智库这样可以运作开放、分散的政策辩论，也没有其他的政治制度能够提供赖以发展的来源多样化的公共和私人资助。”[①]

撰写美国政坛思想之战的论文需要对影响决策辩论的基金会、高等学府、政策倡议组织和研究机构进行考察。一掷千金的企业赞助加上非营利组织的免税待遇，鼓励着政策企业家、政坛领袖和公职人员纷纷创建智库。[②] 企业和慈善基金会拿出数百万美元，支持建立具有非营利组织身份的私有智库，以推广他们对内政外交问题的特殊的意识形态见解。[③] 然而，这项工作反而削弱了他们对决策者的影响力。他们那种具有进攻性的意识形态营销方式损害了专家在政治家心目中的声誉。[④] 用安德鲁·里奇的话来说，专家发表的仅仅是“意气之争的评论”。在报纸和电视上发生的思想战表明了美国媒体上和大学里始终存在着一批智库学者。[⑤]

许多当代智库作出了巨大努力，将其所有资源都投入到从意识形态上来影响公共舆论和决策工作。[⑥] 政策倡议型智库尤其想要在政治舞台上一

---

① 威廉·华莱士：《思想与影响力》，载于戴安·斯通等主编：《各国智库比较研究》，曼彻斯特大学出版社 1998 年版，第 227—228 页。

② 唐纳德·埃布尔森：《美国智库产业》，载于戴安·斯通等主编：《智库传统》，曼彻斯特大学出版社 2004 年版，第 215—231 页。

③ 唐纳德·埃布尔森：《美国智库》，载于戴安·斯通等主编：《各国智库比较研究》，曼彻斯特大学出版社 1998 年版，第 117 页。

④ 安德鲁·里奇：《智库、公共政策与专业的政治》，剑桥大学出版社 2004 年版，第 214—215 页。

⑤ 唐纳德·埃布尔森：《从政策研究到政治倡议：美国政治中智库的角色转变》，载于《加拿大美国研究评论》1995 年冬季第 25(1)号，第 93—126 页。

⑥ 理查德·西哥特，戴安·斯通：《英美外交政策智库的影响力研究》，载于《国际研究评论》1994 年第 20 卷第 1 号，第 29 页。

展其身手。换句话说，他们力图主导公共辩论，在突出的政策问题上影响选民和国会议员。① 与企业一样，这些机构动用了最有效的营销策略来推销其主张。因此，智库在思想市场上丢失了不少诚信。② 由于他们与顶层政治家和官僚关系密切，智库从那些希望将自己的保守主张变成政策的企业和慈善捐赠者那里获得了数百万资助。③

政策研究的政治化是由成立于 1973 年的传统基金会的政治倡议活动带来的。在麦甘看来，传统基金会不是一家智库，而是一个意识形态工厂、一个新保守主义运动的营销机构。其所倡导的把美国变成保守主义国度的目标，与布鲁金斯学会对重要政策问题的客观分析不可同日而语。右翼基金会为了推进其保守主义大业，为具体的研究项目提供捐赠，造成了专业知识的政治化，而这一切之所以会发生，部分而言与媒体对美国政府的影响日增很有关系。④

"美国企业研究所重视政策分析而非学术研究，为政府机构提供技术性的报告，传统基金会产生非技术政策分析，并为决策者准备摘要和建议。相反，布鲁金斯学会采用学术性、科学性的方法来开展研究，长篇大论地撰写研究报告向决策者和专家兜售"。⑤ 与咨询机构、政策倡议团体、利益集团和院外活动团体相比，智库的研究议程由智库董事会决定，很少由外部利益决定。⑥ 虽然如此，华盛顿特区决策层的人士的大多数行为都体现出党派偏见和意识形态上的阵线分明，这对专业人士所处的大环境构成了影响。⑦

---

① 理查德·哈斯：《从决策者的角度看智库与美国外交政策》，载于美国国务院电子杂志《美国外交政策议程》2002 年第 7 卷第 3 号，第 5—8 页。

② 唐纳德·埃布尔森：《智库与美国外交政策》，麦吉尔-女王大学出版社 2006 年版，第 IX 页。

③ 德文文献：Thunert，Martin. *Think Tanks in Deutschland-Berater der Politik*? ApuZ B51/2003，p. 34

④ 詹姆斯·麦甘：《公共政策研究行业对美元、学者、影响力的争夺》，美国大学出版社 1995 年版，第 51—53 页。

⑤ 同上，第 54 页。

⑥ 戴安·斯通：《智库与政策程序》，卡斯出版社 1996 年版，第 13 页。

⑦ 安德鲁·里奇：《智库、公共政策与专业的政治》，剑桥大学出版社 2004 年版，第 214—215 页。

自由主义者和保守主义者之间的分野走向极化、赞助者和政治家对短期效应的追求，以及记者对耸人听闻的头条新闻的渴望，迫使智库不得不与他们站在同一阵营。思想之战对于美国首都华盛顿的政治圈可谓是家常便饭。美国的政治对抗已经上升到了一个新高度。在主导美国立法者思维的善恶之争当中，智库以其研究产品为这场斗争提供新的“弹药”。只有得到长期资金支持以及坚守高标准的学术追求，这些研究机构才能保持其独立性。

第十章 从事政策营销的政策倡议型智库

在议会、企业、政党、压力集团、智库以及媒体内部，各方神圣无处不在品评政府的得失，都在探索更好的施政方案，都在寻求富有见地的施政意见。当公共议程中涌现出了新的问题时，决策者必须在作出抉择之前，向争相来献策的专家们征询意见、建议。正因为此，智库可以提供的政治需求服务有望持续走高。也就是说，为满足这一需求而提供制度化的专业服务、加以各种包装以适应政治讨论、满足决策者的需要，这种活动只会有增无减。①

美国企业研究所和布鲁金斯学会这样的研究机构，既要面对某些赞助者的评价，也要面对决策者的评价，必须满足决策共同体的需求。如今，这两家机构将其学者们的研究成果做成简易版，以政策简报的形式上呈决策者。实际上，在影响党派色彩浓厚的公共政策和追求学术水准、坚持独立分析之间，存在着某种张力。而政策倡议型智库就是要服从其客户的需求。它们选择去推动特定的事业、服务特定的顾客和意识形态。由于它们的存在是为了推动其客户事业的议程，所以它们负责营销和销售理念。它们的目的是通过简洁明了的政策简报和政策建议来影响政策走向。作为政策企业家，此类智库的独立性以及研究的客观性难免令人质疑。②

对于智库来说，在不偏不倚、审慎的研究与建议（倡议）、积极的说服鼓

---

① 威廉·华莱士：《思想与影响力》，载于戴安·斯通等主编：《各国智库比较研究》，曼彻斯特大学出版社 1998 年版，第 229—230 页。

② 詹姆斯·麦甘：《公共政策研究行业对美元、学者、影响力的争夺》，美国大学出版社 1995 年版，第 72—74 页。

动之间,建立起适当的平衡并不是新的挑战。[①] 安德鲁·里奇(Andrew Rich)指出:成果“由于整个20世纪60年代智库的决策环境比较重视态度客观的专业服务,智库的筹资环境也比较包容乃至鼓励智库去追求公信力,不看重其对决策者有多大影响力,在这种环境中,智库更容易保持决策影响力和学术公信力之间的平衡。然而自20世纪60年代开始,美国政策的意识形态分化日益严重。在1964年巴里·戈德华特竞选总统失败后[②],积极参政的保守主义人士数量大增。企业界重新以介入决策过程为己任,还创建了意识形态更加保守的智库,采取了对其研究活动更富进攻性的营销战略”[③]。

政策倡议型智库以对其思想进行营销和包装著称,而不是去创造这些思想。政策倡议型智库对改造政策研究界的状况起着关键作用。他们更加重视为决策者推送简报,而不是撰写长篇大论的学术著作。不仅如此,为了影响公共舆论和公共政策,这些机构也很重视与媒体发展关系。其学者经常在政策脱口秀节目上亮相,宣传推广他们的政策主张。[④]

詹姆斯·麦甘拜访了传统基金会后,认为该机构的运作“很像报社,每周召开编辑部例会制定产品计划,锁定热点问题,确立营销策略和政策视角。在这里占主导地位的文化明白无误是一种企业/新闻机构的文化,而不是大学/研究机构的文化,而后者在华府周围的研究机构群中是居于主导地位的。传统基金会因此将如今众所周知的‘公文包测试’(brief-case test)应用到了其所有研究成果上,也就是研究成果必须简明扼要,可以让国会议员在从华盛顿国立机场前往国会山的车程中阅读”。[⑤]

---

① 安德鲁·里奇:《智库、公共政策与专业的政治》,剑桥大学出版社2004年版,第29页。

② 译者注:巴里·戈德华特,生于1909年,卒于1998年,美国政治家,被视为始于20世纪60年代的美国保守主义复兴运动的主要领军人物,于1964年作为共和党提名的总统候选人参加美国大选,败在了民主党总统候选人林登·约翰逊的手下。

③ 安德鲁·里奇:《智库,公共政策与专业服务的政治》,剑桥大学出版社2004年版,第30—31页。

④ 唐纳德·埃布尔森:《公共政策研究机构评估》(第2版),麦吉尔-女王大学出版社2009年版,第20页。

⑤ 詹姆斯·麦甘:《公共政策研究行业对美元、学者、影响力的争夺》,美国大学出版社1995年版,第130—131页。

韦弗把智库描述为政策企业家，在一个总统和国会分权的、力量微弱、相对非意识形态的政党政治的、行政精英渗透能力强的政治体制中运作。在像政策企业家一样活动的智库里工作的学者，首先是推动其主张，将其置于公共议程之列，然后是通过“软化”政治体制内的行为者来为实施其主张打开机会之窗。①

在20世纪60年代后期，保守分子通过在美国建立政策倡议型智库，来对布鲁金斯学会这种自由主义智库过大的影响力进行遏制。很明显，政策倡议型智库都与某个政党有联系。这些政策企业家积极地影响公共辩论，以求将其主张和建议付诸实施。② 政策企业家研究活动的典型体现是研究报告而非洋洋洒洒的专著。韦弗认为，他们与政客的联系代替了其出版物在学术权威性上的不足。③

对西德尼·布鲁门梭来说，保守主义智库的出现特别有助于保守主义知识分子与其意识形态上的主顾及企业合伙推动的事业，后者通过成立智库和其他组织来对政治现状施加影响。④ 大卫·李奇认为，自20世纪60年代以来，智库之所以数量增长、意识形态色彩更浓，这与该年代以降美国政治运作总体上不确定性增大是相关的，是为了满足政策主张和发展方向的大讨论的需要。李奇认为，美国精英阶层担心关乎政府作用的思想主张和意识形态、担心少数族裔的崛起、对政治进程中国家目标产生困惑，而智库正是精英阶层对上述问题重新定位的合乎逻辑的副产品。⑤

保罗·韦里奇(Paul Weyrich)和埃德温·福伊尔纳(Edwin Feulner)于1973年创建的传统基金会，其制定的发展战略是为立法者提供咨询，对美国企业研究所提出的主张加以改进。自创立伊始，传统基金会就把为国会的决策工作提供咨询作为其中心任务。传统基金会的建立无异于一个

① 肯特·韦弗：《智库所处的变动世界》，载于《政治学与政治》1989年9月号，第570页。

② 德文文献：Homolar-Riechmann. *Pax Americana und die gewaltsame Demokratisierung. Zu den politischen Vorstellungen der neokonservativen Think Tanks*. APuZ, B46/2003, pp. 33–40.

③ 肯特·韦弗：《智库所处的变动世界》，载于《政治学与政治》1989年9月号，第567页。

④ 西德尼·布鲁门梭：《反建制派的崛起》，纽约时报出版社1986年版。

⑤ 大卫·李奇：《新派华盛顿与智库的崛起》，耶鲁大学出版社1993年版，第208页。

转折点,即智库开始通过在媒体上推广其研究来影响决策者的思想。当专家们被大众视为是可信的,他们也更容易受到决策者的青睐。这就是为什么专业服务必须及时,必须加以营销推广。杰出的专家们在政治上变得活跃起来,学者也摇身一变成为倡议者、推动者和辩护者。①

然而,詹姆斯·史密斯把意识形态化的智库的涌现既归因于环境的改变,又归因于政治精英更积极的活动。史密斯描述了保守的知识分子如何传播反国家主义的哲学,后者导致了 20 世纪 70 年代的意识形态冲突。保守主义者通过建立起智库这个平台,放大政治争鸣,改变美国政治中的决策活动。思想被当作推翻自由主义建制、以保守主义建制取而代之的手段。为此,保守主义者建立和强化了数以百计的智库。② 在里奇看来,意识形态化的智库力求自己的观点被决策者和公众知晓。他们的行为与其说是独立分析师,不如说是特定意识形态的代言人,他们会为了特定的政策而赤膊上阵。更有甚者,他们的赞助者直接把媒体曝光率视为智库成功与否的标志。这也是为什么在相关事务进入最后的考量阶段智库要吸引大多数决策者和记者的关注。智库的工作能够引起关注也就意味着智库发挥了其政治影响力。③

企业、个人、意识形态化的基金会都几乎没有兴趣再等上几年去看自己的投资回报。专家蓄水池不仅要对政策进行评估,还要推动其实施。这些学者要借助媒体访谈和公共论坛为公共问题提供值得信赖的研究成果和解决方案。④ 学者们不断提出代价小、可靠性高、便于营销的论述。因为他们的主顾是不会资助周期长、代价高的项目的。⑤

---

① 安德鲁·里奇:《智库,公共政策与专业服务的政治》,剑桥大学出版社 2004 年版,第 151—155 页。

② 詹姆斯·史密斯:《智库与美国新政策精英的崛起》,自由出版社 1991 年版,第 182 页。

③ 安德鲁·里奇:《智库,公共政策与专业服务的政治》,剑桥大学出版社 2004 年版,第 210—213 页。

④ 德文文献:Homolar-Riechmann. *Pax Americana und die gewaltsame Demokratisierung. Zu den politischen Vorstellungen der neokonservativen Think Tanks*. APuZ, B46/2003, pp. 33 - 40.

⑤ 安德鲁·里奇:《智库,公共政策与专业服务的政治》,剑桥大学出版社 2004 年版,第 210—213 页。

因此，政策倡议型智库只是20世纪60年代以来的产物，集强烈的政策导向、党派色彩、意识形态见解和活跃的营销技巧于一身。处心积虑想要影响当前政策讨论的走向，政策倡议型智库对已有的研究重新包装，而不是开展新的探索。由于政策倡议型智库与压力集团都极为注重开展政治游说活动，因此经常很难将两者区别开来。① 里奇认为，智库在政策讨论方面与非政府组织形成竞争，特别是在利益集团和院外游说团体总是比两者拥有更多资源和能量的情况下。② 不过在韦弗看来，智库和压力集团之间的显著不同，在于智库面向的是政策领域存在的广泛议题，而压力集团只是围绕特定的议题开展工作。③

虽然里奇也承认，在媒体需要学术观点时，智库与专家如果在政治上变得活跃起来也会使他们自己陷入困境，因为他们这种活动的性质会反过来损害其影响力。④ 不过，专家们可以对如何界定新问题发挥有意义的影响。在决策者准备对特定问题采取行动时，专家为他们提供的建议可以产生极大的帮助。决策者最终会把建议改造得与自己的政治目标相适应。不过专家能够为认知新问题提供早期指导，为新议题在公共舆论当中的发展变化提供实质性的基础。在某些情况下，专家的提议可以说服决策者去付诸行动。研究人员也可为决策者的观点正名。传统基金会为建立导弹防御系统而争取社会支持就是个好例子。⑤

这些团体广泛地从事分析研判，主要是为了推动本团体的事业，为其在政策之争中提供"弹药"。相比起来，利益集团更热心于草根运动和发起倡议，而政策研究机构却首先是研究机构而非营利机构。"专家像倡议者一样行事，而倡议者却像专家一样行事。"⑥通过对政治作出回应，意识形态

---

① 肯特·韦弗：《智库所处的变动世界》，载于《政治学与政治》1989年9月号，第567页。

② 安德鲁·里奇：《智库，公共政策与专业服务的政治》，剑桥大学出版社2004年版，第214—215页。

③ 肯特·韦弗：《智库所处的变动世界》，载于《政治学与政治》1989年9月号，第567页。

④ 安德鲁·里奇：《智库，公共政策与专业服务的政治》，剑桥大学出版社2004年版，第214—215页。

⑤ 同上。

⑥ 戴安·斯通：《智库与政策程序》，卡斯出版社1996年版，第13页。

和营销活动盖过了学术公信力和独立性。[①] 因此一些智库根本不重视学术水准。智库兜售雄辩的评论,而不去追求中立的研究。

新保守主义者被指责为像政策工程师一样行事,他们对意识形态政策的学术谬论是由企业赞助推动的。赞助者用钱购买研究人员的信誉,对决策活动间接施加影响。政策倡议型智库经常为复杂的问题提供一个标准化的建议——有限政府。政策倡议者利用自己的专业知识来谋取利益。他们与经营者、政客和记者结成的人脉网络导致了知识的政治化。他们的研究发现带有党派的味道,并且一心想要在思想之战中击败自由主义者。学者们屈从于政治压力,受惑于物质利益。[②] 虽然他们的专业知识应当用来为国效力。外交政策需要理解世界大环境发生的变化,而智库学者应当在一个合理的时间范围内促进、引导、影响这些发展趋势。

① 安德鲁·里奇:《智库,公共政策与专业服务的政治》,剑桥大学出版社 2004 年版,第 214—215 页。

② 戴安·斯通,安德鲁·德纳姆主编:《各国智库比较研究》,曼彻斯特大学出版社 1998 年版。

第十一章　新保守主义智库在美国外交政策中的角色

美国传统基金会和美国企业研究所在里根和小布什任内成为共和党政府的意识形态大本营，两家智库直接参与了这两个保守派政府的决策工作，并且像批评者们指出的那样，它们推动了其工商界赞助者们的精英主义抱负。从这个意义上讲，新保守主义者被指责像是政策工程师，因其接受企业界的资助，给高度意识形态化的政策戴上了真知灼见的面具。他们的赞助者投入金钱，通过资助一些享有学术声誉的学者以及政策研究成果，间接地向政府提出政治诉求。由此可见，美国政治的两极化可归因于这些研究机构，"旋转门"现象就是其体现：来自智库行业或者大学的那些野心家出任政府要职，把观念变成了政策。①

依据精英理论，智库就是利用其人脉关系来推进他们的赞助者，也就是统治阶级的政治和经济利益。② 在这个层面上，在美国经常被提及的军工复合体，即一个由学者、经理人和前政要结成的网络，通过影响政府官员来维护他们的特殊地位和经济利益。政治游说虽然是被官方明令禁止的，可是却允许前高级官员撰写回忆录，传播其政治理念。③ 美国公民有越来越充分的理由质疑究竟是谁在统治国家。

---

① 戴安·斯通：《智库、政策建议与治理》，载于斯通等主编：《智库传统、政策研究与思想的政治》，曼彻斯特大学出版社 2004 年版，第 1—20 页。

② 唐纳德·埃布尔森：《智库与美国外交政策》，麦吉尔-女王大学出版社 2006 年版，第 97—99 页。

③ 德文文献：Hennis, Michael. *Der neue Militärisch-Industrielle Komplex in den USA*. APuZ, B46/2003, pp. 41 - 46.

《联邦党人文集》的作者之一詹姆斯·麦迪逊[①]，曾想通过三权分立去阻止游说团体获得未经授权的控制国家大政方针的权力。[②] 如果决策者、记者、商界领袖和研究人员滥用其政治影响力和学术公信力，以牺牲公共福祉为代价来进一步提高其赞助者的特殊利益，对于他们的质疑之声将会有增无减。在“观念之战”中，鉴于在报刊文章和媒体访谈节目中无处不看到智库学者的身影，政客及其政策顾问被认为是密切结合在一起的。[③] 因为美国政党的认同感向来薄弱，美国的政治制度鼓励立法者更多地遵循选民和组织的利益，而不是盯着党的路线，因此，国会议员们不需要担心他们接近一个特定的智库及其思想会破坏党内团结。[④]

20 世纪 60 年代末，保守主义分子在美国成立了政策倡议型智库，旨在牵制像布鲁金斯学会这样的自由派研究机构的来势不善的影响。政策倡议型智库明显和政党类似，并积极地试图用他们的思想和政策建议影响政治辩论。政策倡议型智库不仅评价当前的政策，而且还为政府工作。[⑤] 虽然他们的研究被滥用于政治手段中，但这些学者直到 20 世纪 70 年代才被视为是中立或独立于政治体制的。[⑥] 事实上，美国传统基金会和美国企业研究所都将政治宣传与意识形态研究结合起来。自 20 世纪 70 年代以来，这些政策倡议型智库推销思想更优先于发展新概念。正如学者埃布尔森指出，在过去几年，智库和利益集团越来越难以分辨。[⑦]

此外，政策倡议型智库与科学研究标准是有矛盾冲突的，并通过参与

---

① 译者注：詹姆斯·麦迪逊，生于 1751 年，卒于 1836 年，美国第四任总统。

② 唐纳德·埃布尔森：《智库与美国外交政策》，麦吉尔-女王大学出版社 2006 年版，第 110 页。

③ 詹姆斯·麦甘：《公共政策研究行业简史》，载于《政治学与政治》1992 年第 25 卷第 4 号，第 733—740 页。

④ 理查德·西哥特、戴安·斯通：《英美外交政策智库的影响力研究》，载于《国际研究评论》1994 年第 20 卷第 1 号，第 15—34 页。

⑤ 德文文献：Alexandra Homolar-Riechmann：“Pax Americana und die gewaltsame Demokratisierung. Zu den politischen Vorstellungen der neokonservativen Think Tanks”. *Aus Politik und Zeitgeschichte*, B46 (2003), pp. 33 - 40.

⑥ 大卫·罗切福德，罗杰·科布：《界定问题的政治》，堪萨斯大学出版社 1994 年版。

⑦ 唐纳德·埃布尔森：《公共政策研究机构评估》（第 2 版），麦吉尔-女王大学出版社 2009 年版，第 10—11 页。

政治议程丧失其可信度。然而，他们仍可以从志同道合者那里找到财政支持，虽然这可能会扭曲他们的研究项目和他们的使命。提倡一个目标、特定的选民或者为党派寻求资助都需要科学世界观的支持。在他们的员工内部，意识形态的契合比学历更为重要。①

多年来，像林德、布拉德利、卡萨基和考克这样的右翼基金会不仅资助智库，而且资助从学生到记者、游说者、政策顾问、经济学家和律师的保守教育。作为自由市场经济学的忠实支持者和保守主义的先锋应该推动共和党到国会山与白宫的保守议程。这些右翼知识分子利用保守的媒体机构（即福克斯与默多克）在智库和利益集团中促使美国政治转向保守。在20世纪70年代，一群保守分子试图在右翼基金会的财政支持下创建一个由研究所和个人构成的全国性网络，以反对自由主义，并按照保守主义的观念制定联邦政策。

20世纪70年代，共和党得到了新保守主义分子更多的支持。由于对国内政治和外交政策持有自由主义观点，他们脱离了民主党。这些新保守主义者被保守主义的政策所吸引。如埃尔文·克里斯托尔（Irving Kristol）、吉恩·柯克帕特里克（Jeane Kirkpatrick）、本·瓦登堡（Ben Wattenberg）和迈克尔·诺瓦克（Michael Novak）都受雇于资金雄厚的保守派智库，主要是美国企业研究所。②

到20世纪70年代中期，随着共和党右翼力量的加入，保守主义运动的研究机构（如传统基金会和美国企业研究所这样的智库）发生两极分化的政治变革，并引发了里根政府时期日益加剧的经济不平等。美国企业研究所和传统基金的新保守主义者宣布"观念之战"，他们在自由市场上努力实现自由放任。新保守派也在由慈善家和公司共同资助的媒体、研究机构和共和党支持中致力于以通过废除福利国家和扭转新政来结束富人的高额税收负担。③

---

① 唐纳德·埃布尔森：《智库在美国外交中的作用》，麦克米伦出版社1996年版，第65页。

② 大卫·李奇：《新派华盛顿与智库的崛起》，耶鲁大学出版社1993年版，第154—166页；罗伯特·库特纳：《慈善与社会运动》，载于《美国视角》2002年7月15日。

③ 妮娜·伊斯顿：《领导新保守主义崛起的五人帮》，西蒙-舒斯特出版社2000年版，第23—47页。

新保守主义智库学者经常参加在电视上播放的研讨会和吹风会。通过这些活动，他们与政治家、记者和商人一起讨论政治问题，这使得学者变成了“公共知识分子”。为了扩大对政治掮客的影响，新保守主义者必须获得并维持研究机构的支持。所以保守主义智库雇用的大多数学者的意识形态是一致的。这些研究机构将新保守主义作为一种鲜明的政治运动，并且宣传其公共知识分子形象。美国企业研究所促进了新保守主义观念的接受，并加强了新保守主义学者和政治精英的联系。① 对国防开支的强调主要是负责动员商界，尤其是军火商。大公司和军火商向这些机构捐赠大量经费，期望影响政策制定者。②

财力雄厚的企业和基金会促进新保守主义期刊、机构和研究员的发展，以此巩固新保守主义在美国政治舞台上的影响力。③ 像约瑟夫·库尔斯(Joseph Coors)，约翰·欧林(John Olin)，理查德·斯凯夫(Richard Scaife)，哈里·布拉德利(Harry Bradley)和科氏兄弟(Koch)这些商人资助传统基金会和美国企业研究所，是因为他们担心政府“向左摆”。他们资助保守的“反建制派”，是为了把美国“向右拉”。④ 智库中的新保守主义学者创立杂志，在有文化的阶层中传播他们的观点。而且，他们建立了制度基础，以强调他们作为“公共知识分子”的角色。20 世纪 70 年代，新保守主义者曾在新保守主义运动的中心，即国际战略研究中心、胡佛研究所、传统基金会和美国企业研究所任职。从一开始，新保守主义者就积极加入与位于华盛顿的权力中心有重要关系的研究机构中。⑤

传统保守主义者十分不满新保守主义者将他们从智库中排挤出去，以及新保守主义者包揽了基金会的一切资助。许多传统的保守主义者自称“旧保守主义者”，以区别于新保守主义者，因为他们怀疑新保守主义者所

① 约书斯·韦拉斯科：《里根与小布什时期美国外交政策中的新保守主义分子》，威尔逊中心出版社 2010 年版，第 52—54 页。

② 同上，第 145 页。

③ 同上，第 168 页。

④ 约翰·米柯勒斯维特，亚德里安·伍尔德里奇：《右翼国家：美国的保守主义力量》，企鹅出版社 2004 年版，第 77—79 页。

⑤ 约书斯·韦拉斯科：《里根与小布什时期美国外交政策中的新保守主义分子》，威尔逊中心出版社 2010 年版，第 33 页。

致力于的保守主义事业。在他们看来,新保守主义者都是机会主义者,狡猾、渴望权力、意识形态色彩浓厚而且不虔诚。他们是早先的托洛茨基主义者,声称发明了保守主义。然而,旧保守主义者最大的忧虑还是在于他们失去了在美国企业研究所、胡佛研究所,以及斯凯夫、布拉德利、斯密斯·理查德森和约翰·奥林等基金会中的地位。①

新保守主义者可能不受一些右翼圈子的欢迎,但他们在20世纪80年代为保守主义运动提供能量和专业知识。新保守主义者认为,共和党要获得政治权力,取决于它的意识形态。新保守主义的政策建议者和智库中保守主义制度化的出现直接挑战了自由派中的建制派。② 当新保守主义者表达他们的不满时,智库就会出现在政治舞台上为共和党提供急需的专业见解。像威廉·巴鲁迪(William Baroody)、埃德温·富尔纳 (Edwin Feulner) 、保罗·韦里奇(Paul Weyrich)这样的政策企业家开始在各个组织中巩固保守主义。他们的目标是与自由主义政权争夺权力资源的控制权。智库的出现改写了保守主义的历史,在随后一些年给共和党右派留下了不可磨灭的印记。③

因此,新保守主义者可以利用任何经济手段宣传他们的外交政策。他们的组织机构重视突出的政治和知识运动的形成,因为他们加强了新保守主义对美国外交政策的影响。智库促进新保守主义理念的传播,协调政策网络,像政治组织的中心那样运作,向政治和经济精英提建议,并且形成了知识研究的据点。智库为新保守主义者和政治、商业或媒体领域的权势人物进行政治沟通搭建了平台,这有利于获悉政治议程和民意。而且,政党的衰落为研究机构提供了行动空间。"公共知识分子"利用媒体成为了美国人民的教育家。④

在罗纳德·里根入主白宫之际,他挑选了几位新保守主义者加入政府:理查德·珀尔(Richard Perle),吉恩·柯克帕特里克和艾略特·阿布

① 加里·多里恩:《社会不公的社会伦理》,哥伦比亚大学出版社2010年版,第207页。

② 唐纳德·克里契特罗:《共和党右翼如何在现代美国登上权力宝座》,堪萨斯大学出版社2011年版,第122页。

③ 同上。

④ 德文文献:Arin, Kubilay Yado. *Die Rolle der Think Tanks in der US Außenpolitik. Von Clinton zu Bush Jr. Wiesbaden*, VS Springer 2013.

拉姆斯（Elliot Abrams）成了国务院和国防部高官。尽管其中的一些人，像柯克帕特里克和艾布拉姆斯是民主党人，他们并没有参与设计里根的外交政策。这些民主党人仍然不同于那些造就了连贯且强硬的外交政策的新保守主义者。从20世纪80年代末、90年代初开始，新保守主义正式成为了共和党的一个组成部分。

里根将当前危险委员会（CPD）的32名成员任命到国务院和国防部。情报官员，新自由主义知识分子和军火制造商在当前危险委员会里组织起来，反对自由的外交关系协会的军事官员。他们认为苏联的扩展主义造成了第三世界的动乱，挑战了美国的霸权。因此，这些强硬派要求加强传统武器和核武器来对抗威胁。①

新保守主义者对里根的外交政策有所保留，因为他们担心苏联—阿拉伯威胁以色列的生存，所以他们支持里根。② 冷战期间，新保守主义者强烈反对与苏联缓和，并且提倡美国的首要地位。新保守主义者有如此大的影响力，不是因为他们欺骗了保守主义者，而是因为他们成功地将一些美国人内心深处的激情转变成了外交政策理论。③

在20世纪90年代中期，利用鲁伯特·默多克的财力支持，新保守主义者在保守主义运动、共和党以及国会中取得了进展。《国家评论》即在他们的影响之下。④ 默多克的《旗帜周刊》《评论》和《国家利益》发行量虽然不大，但这些刊物上的文章通过默多克的《纽约邮报》《华尔街日报》和《华盛顿时报》可以传递给更广大的读者。因为其攻击性的外交政策，新保守主义者受到共和党中孤立主义者的严厉批评，尤其是在20世纪90年代的索马里问题上。⑤ 另外，新保守主义者对以色列的绝对支持激怒了围绕在帕特·布坎南周围的传统保守主义者。尽管新保守主义者支持自由的移民

---

① 约瑟夫·佩谢克：《政策规划组织：精英议程与美国的右倾趋向》，坦普尔大学出版社1987年版，第16—17页。

② 霍华德·威亚尔达：《美国企业研究所的起起落落》，列克辛顿出版社2009年版，第10页。

③ 约翰·米柯勒斯维特，亚德里安·伍尔德里奇：《右翼国家：美国的保守主义力量》，企鹅出版社2004年版，第224页。

④ 同上，第15页。

⑤ 同上，第10—11页。

政策，与共和党主流意识形态相悖。[①] 团结一致的因素——共产主义威胁已经不复存在。然而，新保守主义者仍然鼓吹在世界范围内建立“单极”外交政策；传统的保守主义者不相信他们的战略。传统保守主义者抨击新保守主义者过于重视以色列，新保守主义者则反过来指责他们是反犹太主义。传统保守主义者声称新保守主义者受到以色列国家利益的驱使，在伊拉克战争前鼓吹战争，忽视了美国的安全和经济利益。[②]

本章探究在克林顿和小布什政府时期，受到新保守主义智库的影响，美国外交政策由多边主义向单边主义的转变。对克林顿时期自信的多边主义转变为小布什政府的美国至上，该作何解释？这种转变是否受到新保守主义智库的影响？像美国企业研究所、传统基金会和新美国世纪工程（PNAC）这些受部分利益团体控制的基金会，是否在界定宽泛的外交政策目标时牺牲了国家利益？

从最著名的智库招募工作人员后，克林顿和小布什政府成功地左右了美国的民意。从这个角度来看，来自智库的政策建议者不应被视为给政府提供中肯建议的客观的学者，而是与权力集团、基金会、公司、党派政治有关系的政策企业家。我认为这些意识形态转变和政治再定向的鼓吹者企图在克林顿时期转变政治议题，并且在小布什时期利用“9·11”事件后的国际危机来支持他们商业、媒体和政治上的金主。新保守主义智库新美国世纪计划与小布什政府结盟，让美国别无选择，只能成为世界警察。

本章讨论了新保守主义智库成功地发挥政策倡议联盟的作用。基督教右翼、智库中的新保守主义知识分子（传统基金会和美国企业研究所）与金融精英之间的联盟，不仅推动共和党“向右转”，还导致像鲁伯特·默多克这样与他们同气相求的媒体大亨通过施加影响操纵公共舆论的情况出现。[③]《国

---

① 约翰·米柯勒斯维特，亚德里安·伍尔德里奇：《右翼国家：美国的保守主义力量》，企鹅出版社2004年版，第15页。

② 加里·多里恩：《新保守主义与新的美国治下的和平》，劳特里奇出版社2004年版，第196—198页。

③ 德文文献：Müller, Harald. “Das transatlantische Risiko-Deutungen des amerikanisch-europäischen Weltordnungskonflikts”. *Aus Politik und Zeitgeschichte* B 3 - 4/(2004), pp. 43 - 44.

家杂志》(*National Journal*)、《公共利益》(*the Public Interest*)和《美国观察》(*the American Spectator*)等新保守主义刊物影响着《华尔街时报》和《华盛顿时报》的专栏。自由主义智库及其国会联络人由于赞助者流失的关系而被逐出政府机构，新保守主义者得以进入国家机构，在下一次大选到来之前给克林顿政府打上自己的印记。①

继"共和党革命"而起的，是保守主义智库如愿以偿地被请去参加国会听证，且比其自由主义同行们享受更多的媒体曝光度。② 在金里奇领导国会时期，新保守主义智库以行动表明他们不甘待在权力中心的边缘、无所事事地干等着与自己理念相同的政府被选上台。他们没有被排斥在决策过程之外，相反，新保守主义者们大力去影响内政外交重大事项的议程设置；他们试图去赢得国会和官僚机构更多的支持。在一封给克林顿总统的公开信中，新保守主义者们甚至成功地吸引克林顿去关注他们的一项野心勃勃的重新调整中东政策的计划。直到 1997 年，新保守主义的新美国世纪计划已经做好了入侵伊拉克的规划。③ 在后面的章节，我会提到在克林顿任内由共和党控制的国会已经实现了单边主义的导向，而小布什任内上台执政的共和党政府则总体上对国际协定和多边主义持保留态度。

---

① 德文文献：Krugman, Paul. *Nach Bush. Das Ende der Neokonservativen und die Stunde der Demokraten*. Bonn, Bundeszentrale für politische Bildung 2008, pp. 182 - 84.

② 唐纳德·埃布尔森：《公共政策研究机构评估》(第 2 版)，麦吉尔-女王大学出版社 2009 年版，第 174—176 页。

③ 汤姆·考夫曼：《美国在伊拉克的前事》，载于马吉德·特兰尼安等主编：《美国与世界》，事务出版社 2005 年版，第 3—11 页。

第十二章　克林顿政府

相较于对外追求领导地位，大部分美国民众更关心实现联邦预算的平衡。因此，克林顿承诺奉行“坚定的多边主义”（assertive multilateralism），即从由美国来承担的全球性义务转向多边合作，从而既能削减美国充当世界领袖的成本，又能防止美国军队的损失。在美国战略与国际研究中心成员约瑟夫·奈看来，具有优先权的并非“硬实力”（Hard Power），即军事实力，而是“软实力”（Soft Power）。他认为软实力是凭借政治和文化上的领导地位引领国际政治议题，从而塑造国际制度和国际规范的能力。而武力只有在国家利益受到威胁时才可动用；除此之外，世界的民主化和多边机制中的国际合作应当被优先考虑。①

但是1994年，在共和党于国会选举中获胜之前，克林顿“坚定的多边主义”战略却失败了。原因是国会中民主党人的阻挠和媒体及公众的消极态度。克林顿因软弱无能的领导而被指责，因为他不能让欧洲盟友和联合国俯首帖耳，也未能掌控索马里和巴尔干半岛的局势。对国际组织的拒绝和不信任感似乎深植于共和党及其新保守主义顾问当中，这些顾问服务于美国企业研究所、传统基金会和胡佛研究所。②

共和党控制的国会和民主党总统克林顿之间的争权夺利，使美国在履行国际义务上付出牺牲，特别是在履行对联合国的义务方面。尽管克林顿的国务卿、前智库学者马德琳·科贝尔·奥尔布赖特仍然在外交上奉行

---

① 约瑟夫·奈：《软权力》，公共事务出版社2004年版。

② 詹妮弗·斯特林-福尔克：《坚定的多边主义与后冷战美国外交政策》，载于詹姆斯·斯考特主编：《在后冷战世界制定美国外交政策》，杜克大学出版社1998年版，第277—304页。

"坚定的多边主义",但是在 1999 年的"国家安全战略"中,总统不再向共和党控制的国会及其新保守主义政策顾问们施压,而是转向了美国在国际事务中自行其是的路线。1994 年,保守主义分子在国会参众两院占多数,根据美国企业研究所的建议,迫使克林顿增加国防开支、限制在国际组织中承担的义务、维持或扩大军事同盟,尤其强调北约东扩、增加对外军事援助,并且不仅针对伊拉克,还针对其他"流氓国家"实施制裁政策,伊朗、利比亚、苏丹、朝鲜和古巴均在其列。

因此,克林顿不得不克制"坚定的多边主义",放弃与盟国合作,不再考虑他们的利益。自 1997 年起,他选择了以单边军事行动来实施对伊拉克的制裁及在苏丹和阿富汗追踪本·拉登。从此之后,国家安全主导了克林顿的外交政策。① 1999 年 10 月,美国国会在克林顿总统任期内第一次决定增加国防开支。②

精英理论认为,共和党主导下的国会推动了对美国利益作出霸权主义和单边主义的解读,从而有利于军工产业,而忽视了和平与裁军给美国民众带来的利益。在遭弹劾之前,克林顿想要利用预算盈余来挽救社会保险,但是新保守主义强硬派却把他拖入重整军备和加强军力的新保守主义路线。③ 在政府深陷分歧的情况下,④总统最后屈服于共和党人对国家利益所做的单边主义界定,因为制度性的意见分歧和严格的党派分化不仅使总统在对外政策中的领导权受到质疑,以近乎突破宪法边界的程度重新调整了决策程序,还使政府面临瘫痪的危险。克林顿的策略空间实质上被限制了。共和党主导的国会提出以美国为世界领袖的单边主义维和方案来取代多边框架下的集体维和方案。⑤ 因此,在克林顿时期,外交决策的主导

---

① 爱德华·拉克:《美国例外论与国际组织,20 世纪 90 年代的教训》,载于罗丝玛丽·富特等主编:《美国霸权与国际组织,美国与多边机制》,牛津大学出版社 2003 年版,第 25—48 页。

② 德文文献:Czempiel, Ernst-Otto. "Die stolpernde Weltmacht". *Aus Politik und Zeitgeschichte* B 46 (2003), pp. 7 - 15.

③ 德文文献:Hennis, Michael. *Der neue Militärisch-Industrielle Komplex in den USA*. APuZ, B46(2003), p. 41.

④ 西德尼·布鲁门梭:《克林顿的战争》,FSG 出版社 2003 年版,第 377 页。

⑤ 罗丝玛丽·富特等主编:《美国霸权与国际组织,美国与多边机制》,牛津大学出版社 2003 年版,第 1—22 页。

权就已经应共和党人的要求，从国务院转移到了五角大楼。

1999年，克林顿签署了《国家导弹防御法案》，该法案计划建设国家导弹防御系统。不顾未来与俄罗斯的裁军谈判，其中最重要的就是对《反弹道导弹条约》续约，而该约旨在禁止部署导弹防御系统，克林顿政府同意新保守分子的设想。该设想认为，国家导弹防御系统对于抵抗朝鲜或伊朗远程导弹对美国安全的威胁来说是至关重要的。此外，1999年10月，共和党主导的参议院拒绝批准《全面禁止核试验条约》。所以尽管克林顿公开宣称支持多边主义，但他留下的却是重新使美国追求"全球性单边主义"的对外政策遗产。并非从"9·11"开始美国的世界霸权才遭遇恐怖主义这一新的威胁，早在1996年沙特遭袭后，克林顿就首先打响了反恐怖主义战争。①

① 理查德·克拉克:《内窥美国的反恐战争》，自由出版社2004年版，第129页。译者注：1996年6月25日，一辆加油车在美国驻沙特阿拉伯的军事基地内爆炸，造成19名美国士兵死亡。事后，美国法院判定伊朗政府策划了这次恐怖袭击。

第十三章　小布什政府

军事决策权集中于同总统关系紧密的某一政府部门，这使得新保守分子更易于对总统施加影响。在结构层面上，五角大楼的决策仅掌握在少数几个人手中。新保守分子无须去接底层民众的“地气”，却能够与小布什政府中少数与其志趣相投的人士互通声息。①

副总统切尼是任命阿布拉姆斯、阿米蒂奇、博尔顿、沃尔福威茨和珀尔等新保守派领导人的关键人物。佩勒格(Peleg)认为切尼是负责新保守主义主张的主要政策企业家。无论是迪克·切尼还是唐纳德·拉姆斯菲尔德都非新保守主义一成不变的信徒，相反，他们是那些接受了新保守主义观点的传统共和党鹰派代表，因此他们签署了“新美国世纪计划”的创建章程。切尼和拉姆斯菲尔德均赞同“新美国世纪计划”宣扬的单极主义(uniloplarism)，从而与新保守主义运动站在了一起。② 像切尼和拉姆斯菲尔德这样的保守主义强硬分子绝不会赞同均势外交理念或是追随布坎南的那套旧式的孤立主义主张。多利恩认为，他们在共和党内部属于对外政策中一个进攻性的民族主义者的圈子。③ 乔治·沃克·布什总统也许接近于基督教右派，而副总统迪克·切尼则被认为是财政上的保守派。这两派在共和党内与新保守主义分子就意识形态主导权展开竞争，但在强调国家利益、增加国防开支、推行单边主义外交政策等方面，两派人马都与新保守主义者志同道合。

---

① 伊兰·佩勒格：《乔治·W. 布什的外交政策》，西方视野出版社 2009 年版，第 136 页。

② 加里·多里恩：《社会不公的社会伦理》，哥伦比亚大学出版社 2010 年版，第 3 页。

③ 同上，第 89 页。

尽管唐纳德·拉姆斯菲尔德并非新保守主义者，但是他与保罗·沃尔福威茨、吉恩·柯克帕特里克和理查德·珀尔都有密切联系。事实上，他是新保守主义者、公司和政客们的中间人；他在一定程度上精心安排了跨国公司和军火商对新保守主义运动的支持。① 拉姆斯菲尔德任命新保守主义分子为美国国防部高级官员，如沃尔福威茨和菲斯。② 副总统办公室、五角大楼和国防政策委员会是新保守派的大本营。③ 据佩勒格称，独断的鹰派人物切尼和拉姆斯菲尔德在对外政策上影响了乔治·沃克·布什的决策。就布什来说，人们能够估计他对新保守派的思想持相同意见。总统很可能在咨询了他的副手后才作出决策，而两者都日益被那些进入国防部和国务院的新保守分子所影响。④ 虽然布什的演讲中经常包含宗教术语，但他总是强调自己单方面提升美国实力的决心。小布什的坚定立场是其基于新保守主义的基督教信仰的延展。新保守主义势力使其确信尽管他丧失了公众舆论的支持，但是他失败的政策却是正确无误的。在向选民表述他的政策时，布什使用了新保守主义逻辑论证，即他所宣扬的自由和民主与美国的国家利益是一致的。⑤

布什政府中的新保守主义者自称"伏尔甘"⑥。伏尔甘们都相信美国的军事实力，且都关心美国的国家安全。新保守分子对美国天定命运的解释是，美国的实力和理念是善的力量，这种力量感是基于对美国未来能力的胸有成竹。在鲍威尔的国务院与拉姆斯菲尔德-沃尔福威茨的五角大楼之间就权限问题产生了争论，进而引起白宫的介入调停，此次介入提升了切尼在决策上的影响力。不过，詹姆斯·曼⑦指出，相较于其冷战时期的前任

---

① 约书斯·韦拉斯科：《里根与小布什时期美国外交政策中的新保守主义分子》，威尔逊中心出版社 2010 年版，第 73 页。

② 同上，第 207 页。

③ 加里·多里恩：《社会不公的社会伦理》，哥伦比亚大学出版社 2010 年版，第 2 页。

④ 伊兰·佩勒格：《乔治·W. 布什的外交政策》，西方视野出版社 2009 年版，第 165 页。

⑤ 大卫·司基摩尔：《认识美国外交政策的单边主义转向》，《外交政策分析》第 2 号(2005)，第 207—228 页。

⑥ 译者注：伏尔甘系罗马神话中的火神、天神朱庇特之子，诸神手中的武器都是由他制作。

⑦ 译者注：詹姆斯·曼，中文名为孟捷慕，美国记者和历史学家，曾任《洛杉矶时报》驻北京办事处主任。

们，克林顿政府实际上更不看重集体安全原则。伏尔甘们被比作第二次世界大战后的“智者”或领导越战的“出类拔萃者”。将缔造布雷顿森林体系和联合国这种全球秩序的人物与切尼、拉姆斯菲尔德、沃尔福威茨或阿米蒂奇相提并论，只能表明布什政府中形只影单地信奉多边世界秩序的鲍威尔不过是个局外人。而将他们与国防部长麦克纳马拉[①]周围的“出类拔萃者”进行比较，则能够体现鹰派新保守主义者的军事失败。[②]

① 译者注：罗伯特·麦克纳马拉，生于1916年，卒于2009年，曾任美国约翰逊政府的国防部长，被认为对美国陷入越战泥潭负有重要责任。

② 角谷美智子：《书评：布什政府的顾问如何与世界相抗》，载于《纽约时报》2004年3月4日。

第十四章　布什主义、新保守主义关于美国独大的概念

与克林顿相比，布什及其新保守派下属们主张美国必须经常采取单边行动，美国的军事力量也只该用来维护本国的关键利益，美国应当采取措施应对来自中国，也许还有来自俄罗斯的威胁，而将进行人道主义干涉的负担让其他国家来承担。不仅如此，布什对于其前任克林顿通过多边主义手段取得的一切成就都不予信任。[①] 在新保守主义的智囊团中，一般的外交政策，特别是联合国事务，不被看作是头等大事，而是属于需要削减经费的领域，这在国会与联合国的关系中一直处于高位。新保守主义者也不主张介入西方之外的国家建构活动。[②]

在推动"美国治下的和平"(Pax Americana)方面，新保守主义者认为，自由主义者所持的只有联合国安理会批准的军事行动，以及美国与其他机构合作保证的和平才属合法的观点，无异于痴人说梦。[③] 不仅如此，新保守分子还担心国际机构会在有绝对权力的法律行政框架中，被一个严格遵循国际法的世界政府滥用，以限制美国的权力。新保守分子因其支持把军事冲突作为解决问题的途径，而被视为通过对外干预推动单边主义的建构师。

美国企业研究所和新美国世纪计划这种新保守主义智库，其成员有切尼、拉姆斯菲尔德、珀尔和沃尔夫威茨。他们不仅要求大幅增加国防开支，

---

① 理查德·克拉克：《内窥美国的反恐战争》，自由出版社 2004 年版，第 196 页。

② 德文文献：Arin, Kubilay Yado. *Die Rolle der Think Tanks in der US Außenpolitik. Von Clinton zu Bush Jr. Wiesbaden*, VS Springer 2013.

③ 斯蒂凡·哈尔珀，乔纳森·克拉克：《美国新保守主义者与全球秩序》，剑桥大学出版社 2004 年版，第 40—47 页。

还要求对付在价值观和利益上与美国对立的政权。① 沃尔夫威茨在 1992 年开始起草防御性攻击和单边主义理论。② 作为老布什政府的前任官员，沃尔夫威茨在美国企业研究所和由他合伙创建的新美国世纪计划任职期间，形成了"布什主义"的前身——"沃尔夫威茨主义"。布什主义将军事战略和推广民主结合在一起。根据这一主张，美国自视为在其国内维护自由、和平和人的尊严的捍卫者，反对暴君和恐怖分子。科林·鲍威尔认为，美国传统上就把自己作为这一事业的典范，希望在全球扩散其自由主义价值观。③ 康多莉扎·赖斯认为，美国价值观是普世价值，其在全球得到推广和接受符合美国的国家利益。政治现实主义的观点是，美国只有摆脱联盟和国际法的羁绊，才会享有广泛的行动自由。④

新保守主义信念的一个组成部分，是要求为了维护世界稳定以及扩散自由制度而先发制人地动用武力。布什主义把多边合作看得一无是处。面对可能威胁美国安全的敌国，美国可以在任何时候放手动用一切必要手段予以打击。布什主义意在结束对美国使用武力的任何集体制约。⑤

在 2002 年开始的美国安全战略（基于新美国世纪计划的主张）中，布什政府虽然承认多边主义，但表示在迫在眉睫的威胁面前，特别是考虑到美国公民的安全和国土防卫等方面，华盛顿不会向国际组织征询意见，保留采取先发制人的军事行动的权利。

因此，在反恐战争中，共和党政府主要采取单边主义政策将其意志强加给中东地区。美国以保护国家安全为借口，拒绝签署强化国际禁止暴力的协定。如此一来，小布什由于单边开展反恐战争，放弃了美国在多边事

---

① 德文文献：Homolar-Riechmann. *Pax Americana und die gewaltsame Demokratisierung. Zu den politischen Vorstellungen der neokonservativen Think Tanks*. APuZ, B46/2003, pp. 34 - 35.

② 汤姆·考夫曼：《美国在伊拉克的前事》，载于马吉德·特兰尼安等主编：《美国与世界》，事务出版社 2005 年版，第 3—11 页。

③ 科林·鲍威尔：《伙伴关系的战略》，《外交杂志》2004 年第 83 - 1 号，第 22—34 页。

④ 康多莉扎·赖斯：《推进国家利益》，《外交杂志》2000 年第 79 - 1 号，第 45—62 页。

⑤ 托马斯·弗兰克：《伊拉克之后联合国发生了什么？》载于《美国国际法论刊》第 97 卷（2003 年），第 607—620 页。

务中的领导地位。[①] 美国企业研究所、新美国世纪计划提倡的单边主义战争战略与美国多边主义外交政策针锋相对，正是后者缔造了联合国与北约。更进步的外交政策应当遵守国际法、坚持国际合作。美国本应在“9·11”之后利用联合国维和行动。可是，布什却选择自行其是，结果把朋友和敌人都触怒了。

实际上，2001 年 9 月 11 日的恐怖袭击，使布什身边的新保守派，包括来自美国企业研究所，又创办了新美国世纪计划的切尼、拉姆斯菲尔德、珀尔、沃尔夫威茨等人，得以为了自己的外交政策计划而发动某种形态的“政变”。[②] 通过向恐怖主义宣战，美国深陷一场持久战之中，和平前景渺渺无期。而小布什却自视为“战争总统”，与领导巴尔干半岛、索马里“不受欢迎的战争”的克林顿不可同日而语。[③] 布什政府力图推翻萨达姆，增加国防预算，摆脱欧洲盟国的束缚；阻止美国的竞争对手崛起，通过推动美国独大来确保美国的利益和世界稳定。对于新保守分子来说，反恐战争为他们解除了财政、法律、体制的束缚，譬如国会的预算审批权。[④]

为了实现导弹防御体系这一自里根时期以来由传统基金会提出的方案，小布什搬出“流氓国家”为其重新武装和发动意识形态圣战正名。据他宣称，伊拉克、伊朗和朝鲜这一邪恶轴心拥有中程导弹和大规模杀伤性武器，对美国和欧洲的安全构成威胁。与克林顿不同，他主张对异己国家实行政权更迭，尽管其前任已经推行过“扩大民主势力”的政策。[⑤]

“国家构建”在中东地区遇到了真正的挑战，小布什在该地区一心推动“民主化”，伊拉克战争几周前，他在美国企业研究所的发言特别体现了这

---

① 马吉德·特兰尼安：《前言》，特兰尼安等主编《美国与世界》，事务出版社 2005 年版，第 VII—IX 页。

② 斯蒂凡·哈尔珀，乔纳森·克拉克：《美国新保守主义者与全球秩序》，剑桥大学出版社 2004 年版，第 9 页

③ 同上，第 15 页。

④ 克莱德·普莱斯托维茨：《善意的失败与美国单边主义》，巴西克出版社 2003 年版，第 47 页。

⑤ 德文文献：Pfaff, William. “Die Verselbständigung des Militärischen in der amerikanischen Politik”. *Blätter für deutsche und internationale Politik*, (2001), 2, 177 - 196.

一点。[1] 不久之后,新保守分子就被指责杜撰了大规模杀伤性武器的神话,也因其马基雅维利式的思维方式受到责难。[2] 布坎南指出,新保守分子抓住保守主义运动和布什外交政策调整的契机,企图按照美国模式改造世界。[3] "大多数新保守分子都会同意:在推行现实主义政策时应当考虑到国家在世界上的名誉和地位,但是他们像马基雅维利一样认为国家应当让别国畏惧,而不必爱戴或尊敬之"。[4] 为了维护美国的安全利益,布什政府一意孤行,不顾别国感受。美国霸权支撑的多边合作在国际上广受欢迎,单边主义却在法国、德国、俄罗斯、中国或 77 国集团等国家集团中抵消美国霸权。[5] 美国自行其是牺牲别国利益和违背国际法的行为在各国招致了一片反对和相应的政治反应。

新保守主义追求美国独大,激起美国的盟国去追求各自的国家利益。俄罗斯与中国的反应尤其强烈,都起而限制布什政府的单边主义。两者对军力的使用呼应了美国处理外交关系的方式。联合国在合法使用武力上的垄断地位不再是普遍适用的。"现实主义政治同盟加上价值导向的外交政策是新保守主义思想的标志;维护和增进有能力将世界引向正确方向的唯一大国,其目的如此高尚,其采用的现实主义手段从而充分得到了正名"。[6]

新保守分子把占领伊拉克视为在近东重新洗牌的第一步。"至 1997 年时,新保守主义智库——新美国世纪计划就呼吁再造中东。"[7]据其分析,

---

① 约翰·米柯勒斯维特,亚德里安·伍尔德里奇:《右翼国家:美国的保守主义力量》,企鹅出版社 2004 年版,第 219 页。

② 同上,第 221 页。译者注:马基雅维利,生于 1469 年,卒于 1527 年。文艺复兴时期意大利政治思想家和历史学家,著有《君主论》,被认为是西方现实主义国际关系理论的先驱之一。

③ 帕特里克·布坎南:《新保守主义者如何扰乱里根革命并绑架布什时期的政策》,圣马丁出版社 2004 年版,第 250 页。

④ 詹姆斯·斯基林:《与世界为伍还是对抗?美国在国家之林中的角色》,兰纳姆出版社 2005 年版,第 136 页。

⑤ 德文文献:Jäger, Thomas. "Hypermacht und Unilateralismus. Außenpolitik unter George W. Bush". *Blätter für deutsche und internationale Politik*, July 2001, 837 – 846.

⑥ 沃尔特·米德:《处于世界险情中的美国大战略》,克诺夫出版社 2004 年版,第 90 页。

⑦ 汤姆·考夫曼:《美国在伊拉克的前事》,载于马吉德·特兰尼安等主编:《美国与世界》,事务出版社 2005 年版,第 5 页。

伊拉克战争将确保世界民主。伊拉克应当成为阿拉伯世界的第一个民主国家，再影响其邻国效法其进步道路。伊斯兰主义将失去影响，因为经济繁荣和民主自由是有传染性的。新保守分子认为，美国的军事存在能够让该地区的独裁政权清醒起来。尽管新保守分子也像早先外交政策主张的提倡者们那样尝到了抽象理论与现实事务相撞所表现出来的脆弱性，然而信奉新保守主义的胡佛研究所却认为，在经年累月的伊拉克、阿富汗战争之后，在经过数月的空袭将卡扎菲赶下台之后，席卷突尼斯、埃及和伊比亚的“阿拉伯之春”证明了他们主张切合实际。①

在“9·11”之后，一位缺乏经验的总统需要作出困难的决定，因而听从了他从新美国世纪计划招募来的小圈子的意见。这一新保守主义智库得以与布什政府结成同盟。② 在幕后，军工产业的游说者通过他们的学者与国会进行互动，影响国会通过有利于自己的法案。③ 不仅如此，评论者看到，在单边和军事议题可能导致“帝国过度扩张”的背景下，美国巨额外债日益成为国家的威胁。在他们看来，政府里的新保守分子利用伊拉克战争实现石油产业、以色列游说团体以及军工复合体的特殊利益，却无视美国人民的利益。反对人士认为，在其顾问们的协助下，拉姆斯菲尔德、切尼、军工复合体躲在布什身后统治国家。④

① 马克·拉根，威廉·舒尔茨：《保守主义者、自由主义者与人权》，载于《政策评论》2012 年 2 月 1 日。

② 唐纳德·埃布尔森：《智库与美国外交政策》，麦吉尔-女王大学出版社 2006 年版，第 10 页。

③ 托马斯·戴伊：《自上而下的决策》，查塔姆学会出版社 2001 年版，第 94—102 页。

④ 德文文献：Hennis, Michael. Der neue Militärisch-Industrielle Komplex in den USA. APuZ, B46/2003, pp. 41 - 46

第十五章　新保守主义智库，政策倡议联盟？

按照沙巴提耶和詹金斯·史密斯的解释方法，新保守主义政策倡议联盟利用其学者、记者、经理人、官僚和政客网络，使小布什这个外交政策上的新手相信了他们在近东重新洗牌的计划。① 自1997年新美国世纪计划创立以来，学者们与共和党国会议员在听证会上交换意见。即使在布什当选总统之前，他们也可以表达其单边主义立场，不仅向共和党人表达，也向克林顿政府表达，虽然他们最终没有在克林顿政府时期得遂所愿。一直到小布什上任时，新保守派才能在他们的支持者拉姆斯菲尔德和切尼的领导下，实施他们单方面追求美国独大地位的计划，并对阿富汗和伊拉克发动入侵，提出"布什主义"。一旦进入政府，他们就在决策中分离了诸如鲍威尔之类的反对者。作为前智库学者，他们向小布什提供了分析、意识形态和知识，以便他推翻萨达姆·侯赛因。在白宫中存在着前学者和他们的雇主之间的利益和知识联盟，引起了学习效应，使得新保守主义思潮越过特定群体的边界，对整个国家机器和共和党产生影响，导致政策发生变化。因此，知识和权力的共生将新保守主义同布什政府和共和党国会联系了起来。

新保守主义世界秩序的特征是单极秩序，是超级大国毫无争议的竞争优势。比尔·克林顿最初宣布了"坚定的多边主义"，但认可对美国军事力量优先地位的追求，这也是布什坚定不移所支持的。美国的首要地位取决于军事进步，超过了其10个最重要的经济和政治对手的国防预算。关于

---

① 沙巴提耶，詹金斯-史密斯主编：《从政策倡议联盟看政策转变与学习》，西方视野出版社1993年版。

这点,塞缪尔·亨廷顿说:"比起美国继续以比任何其他国家更有影响力的力量塑造全球事务来讲,一个没有美国主导的世界,将是一个有更多的暴力和失序、更少的民主和经济增长的世界。"①国际政治的变化导致美国在多极体系中的霸主地位向单极体系中的领先地位进行调整,从而导致外交政策中决策过程的一致性。所以美国屈服于通过军事手段维持和增强其作为世界经济霸权地位的诱惑。政治精英通过进行反恐战争,追求在小布什政权下的世界统治权。在布什政府中那些关键的新保守分子被免职后,单边主义外交政策发生了改变。新美国世纪计划的新保守派与该行政机构之间的联盟在 2006 年国会失去多数席位后结束,于是,像拉姆斯菲尔德、珀尔和沃尔福威茨这样的新保守主义领袖辞职,他们的智库新美国世纪计划也被关闭。②

在布什任期结束时,康多莉扎·赖斯被任命为国务卿,标志着政策变革。布什政府对朝鲜的核扩散、遏制伊朗和中东冲突的谈判采取了温和的立场。华盛顿作出外交而不是军事努力。美国政府参与了朝鲜半岛的六方会谈。关于伊朗,美国在联合国安全理事会启动了一项防止德黑兰获得核弹的多边战略。在近东的和平谈判中,美国与新成立的中东四方集团中的其他三方,即俄罗斯、欧盟和联合国进行了磋商。③

虽然科林·鲍威尔、康多莉扎·赖斯这样的现实主义者与新保守分子们一样都支持美国的独大地位,但他们还是基于实际考虑寻求国际社会的支持。他们都认为在世界机构内的合作有利于分担美国霸权的风险和成本。他们没有幻觉,多边主义将为美国霸权提供道德权威;他们认为联合国合作将减少国际社会的不满。自 2003 年伊拉克战争以来,在赖斯任期外交活动的尝试调解了与伊朗、朝鲜以及中东地区冲突,创造了更积极的氛围。

在失去了"追求单极的契机"(查尔斯·克劳塔默)后,新的外交政策应

① 塞缪尔·亨廷顿:《为什么国际头号地位如此重要》,载于《国际安全杂志》1993 年 17(4)号,第 68—83 页。

② 保罗·雷纳德:《新保守主义迷梦的终结》,BBC 新闻 2006 年 12 月 21 日。

③ 伊兰·佩勒格:《乔治·W·布什的外交政策》,西方视野出版社 2009 年版,第 XII 页。

该确保美国的军事和经济实力，以便与盟国塑造全球共识和相互间协议，在美国领导下面对全球挑战。[①] 即使是自由派的国际主义者也提出：可能之时实行多边主义，必要之时独行其是。[②] 在这个意义上，奈指出了“巧实力”，它结合了硬实力和软实力的战略，通过促进民主、人权和公民社会的发展，为美国的军事干预提供外交上的合法性。反恐战争削减了美国的“巧实力”，“9·11”之后带来了一个“过度军事化”的外交政策，严重削减对外援助和国务院的预算。[③] 这与新保守主义智库美国企业研究所和新美国世纪计划的影响有关，它们作为部门利益集团以广泛构想的国家利益为代价确定了扩张性的外交政策目标。因此，克林顿政府的坚定的多边主义转向了小布什治下追求的单边优先地位。

新保守分子在智库、利益集团和学术期刊之外已经形成了“反建制阵营”，最初本应该限制自由主义的影响。[④] 根据加里·多里恩的观点，新保守派仍然代表了共和党内最强大的对外政策派别。[⑤] 他们与没有自己外交战略的基督教右派结盟。新保守派根植于五角大楼和军火工业。[⑥] 他们分布在智库、政府机构、经济领域和福克斯新闻等媒体的网络，在未来几年不会减少。2009 年，同样一批人启动了外交政策倡议。罗姆尼的许多主要顾问都来自这个网络，并以影响其观点而被其信任。[⑦] 在罗姆尼的 24 位外交政策顾问中，17 位曾在布什政府工作。作为他的顾问，新保守派制定了罗姆尼对俄罗斯、中国、伊朗和停滞的中东和平进程坚定不移的政策。右翼知识分子再一次以其对美国外交政策的影响成为新闻焦点。[⑧]

---

① 约瑟夫·奈：《美国外交政策中软权力的未来》，载于英得基尔·帕尔默等主编：《从理论、历史和当代视角看软权力与美国外交》，罗德利奇出版社 2010 年版，第 4—11 页。

② 汉斯·茂尔：《寻求有效的多边主义与跨大西洋关系的未来》，载于《外交政策对话》第 8 卷第 25 期，第 9—18 页。

③ 约瑟夫·奈：《软权力》，公共事务出版社 2004 年版，第 9—11 页。

④ 约翰·米柯勒斯维特，亚德里安·伍尔德里奇：《右翼国家：美国的保守主义力量》，企鹅出版社 2004 年版，第 382 页。

⑤ 伊兰·佩勒格：《乔治·W·布什的外交政策遗产》，西方视野出版社 2009 年版，第 268 页。

⑥ 同上，第 235 页。

⑦ 约翰·朱迪斯：《米特·罗姆尼，现代新保守派》，载于《新共和》2012 年 9 月 13 日。

⑧ 阿里·伯曼：《米特·罗姆尼的战争内阁》，《国家杂志》2012 年 5 月号。

第十六章　结论：美国政治与思想之战

智库在“思想之战”中，其任务发生了根本转变，从向行政部门提供中立的政策建议转向推进决策、充当游说团体等，事实上，这也解决了很多国内和国际问题。[①] 因此，政策倡议型智库可以通过自己的议程成为政策制定的行动者，借助整个政府部门、经济和媒体的网络实施政策。[②] 政策制定者及其政策顾问被认为是紧密相连的，由于思想之战，智库的政策学者在媒体和大学接受的采访以及发表的专栏文章无处不在。不同的智库也对国会议员、行政官员、官僚以及媒体进行指导、施加影响，时而也对其进行游说。[③]

在政治党派两极对立加剧的情况下，更多问题似乎是来自关乎企业和政府利益的研究机构的财政和制度独立性问题。虽然作为免税地位的非营利组织要求其具有独立性，但学术研究和对选择性学术研究的财政支持的干扰程度，引起了对遵守科学标准的担心。然而，学者的专业知识需要被转化成政治家和选民更好理解的技术术语。智库就像没有学生的大学，通过向媒体、政府和经济领域的从业者提供其专业知识来教育公众。[④]

为了表明智库对工会成员和环保主义者对美国政治竞争的影响，智库将大部分时间和工作投入到了媒体曝光上，这不只是为了吸引政治家的关

① 罗伯特·兰德斯：《智库：新的党派分子?》载于《美国国会季刊》1986 年 6 月 20 日，第 455—472 页。

② 唐纳德·埃布尔森：《智库在美国外交中的作用》，麦克米伦出版社 1996 年版，第 64 页。

③ 詹姆斯·麦甘：《公共政策研究行业简史》，载于《政治学与政治》第 25 卷第 4 号(1992 年 12 月)，第 737 页。

④ 戴安·斯通：《智库与政策程序》，卡斯出版社 1996 年版，第 15—16 页。

注和传播自己的理念，也是为了通过普及其受欢迎的程度来提高捐款额。[①]只要智库的捐助者愿意利用智库的政治联系来促进他们的议程，就会推动智库的蓬勃发展。[②] 这就是为什么智库无限制地向决策者提供建议的缘故，这也可能成为智库最宝贵的资源。[③] 不过从多元论的角度来看，虽然与利益集团相比，智库在预算、团队、媒体曝光度、与掌权者的联系等方面所具有的优势，超越了前者，但还是要由政治家在思想之战中充当裁判员。[④]

本书的研究重点主要集中在智库、利益集团、基金会、个人赞助者，以及学者和其思想在美国政策过程中的作用。[⑤] 本书研究了新保守主义精英为针对自由主义阵营所作的重新集结，关注美国政治的极化及其对美国民主的影响。书中分析了智库、精英政策规划组织对美国外交政策的影响。[⑥]为了方便安置其员工，比如像传统基金会就会将员工安置在银行或者政府的关键职位上，同时希望他们在接管权力后继续兜售传统基金会的新保守主义主张。[⑦]

最近，诸如詹姆斯・史密斯、肯特・韦弗、霍华德・维亚尔达、托马斯・戴伊、威廉・多姆霍夫和约瑟夫・佩谢克等人着重关注在 20 世纪 70 年代和 80 年代的思想政治化。基本的迹象是智库的公共政策，曾是其合理的话语和权威的源泉，现在已经成为了意识形态“武器”，加入到了美国

---

① 德文文献：Braml, Josef. “Deutsche und amerikanische Think Tanks. Voraussetzungen für ihr Wirken.” *Wissenschaft und Frieden* 2004 - 4: Think Tanks. In www.wissenschaft-undfrieden.de/seite.php? artikelIId = 0337, p. 3.

② 唐纳德・埃布尔森：《智库与美国外交政策》，麦吉尔-女王大学出版社 2006 年版，第 487 页。

③ 德文文献：Gehlen, Martin. “Kulturen der Politkberatung-USA”, In: Bröchler, Stephan/Schützeichel, Rainer (eds.): *Politikberatung. Stuttgart* 2008, pp. 480 - 492.

④ 劳伦斯・雅各布，本杰明・佩芝：《谁在影响美国外交政策?》载于《美国政治学评论》第 99 卷第 1 号(2005 年 2 月)，第 121 页。

⑤ 唐纳德・埃布尔森：《智库与美国外交政策》，麦吉尔-女王大学出版社 2006 年版。

⑥ 唐纳德・埃布尔森：《美国智库》，载于戴安・斯通等主编：《各国智库比较研究》，曼彻斯特大学出版社 1998 年版，第 107—126 页；埃布尔森，艾佛特・林奎斯特：《北美智库》，载于肯特・韦弗，詹姆斯・麦甘主编：《智库与公民社会》，事务出版社 2000 年版，第 37—66 页。

⑦ 詹姆斯・麦甘：《公共政策研究行业对美元、学者、影响力的争夺》，美国大学出版社 1995 年版，第 132 页。

政坛的思想之战中。政策倡议型智库的出现及其明显的党派倾向和意识形态色彩，为了把自己的思想和价值观当作重中之重，而拒绝与持异见者达成共识。智库的政治化成为保守主义进入思想市场的一个问题。像多姆霍夫和戴伊一样，佩谢克同样认为，智库是由美国公司控制的，公司利用它们来控制公共政策的决策过程，并对华盛顿特区的决策者施加不当的压力，但前美国企业研究所研究员霍华德·维亚尔达不赞成这种精英理论，并指出由于共和党的政治党派利益和美国政治中新保守主义的出现，引起了日益激烈的竞争，而智库的响应则加剧了这一竞争。①

美国智库观察者纳尔逊·鲍尔斯比将追求政策影响力的研究机构与纯粹从事知识探索的智库进行了区分。鲍尔斯比的区分方式根植于自由主义者对知识和政策领域的区别。然而，保守主义者对智库的界定方式是智库与国家或政策领域的关系，其中政策企业家和政治家的界限是模糊的。因此，主顾关系在政治上并不违法。研究成果的科学性绝不会因为被某一产业或私人既得利益团体用于向政府施加压力而受到削弱。在美国人的政治思想中，智库通常被认为是独立于政府的。作为公民社会的一员，研究机构履行着思想营销者的角色。废除免税捐赠实施行政干预被视为是对思想市场的侮辱，是对科学、思想和言论自由的侮辱。②

针对美国外交政策中的国家安全、人权、公民自由及单边或多边手段等新议题，外交政策机构、智库学者和学术界是如何互相影响的？③ 答案是，智库指导、影响且游说政府代表、国会议员、高级官僚和记者。政治家与其顾问紧密地联系在一起。④ 詹姆斯·麦甘认为，美国首都的政治现实与这些假设相矛盾。布鲁金斯学会与民主党联盟，美国企业研究所与共和党关系更密切。在里根时期，曾经占据统治地位的布鲁金斯学会风光不

① 詹姆斯·麦甘：《公共政策研究行业对美元、学者、影响力的争夺》，美国大学出版社 1995 年版，第 20—21 页。

② 内尔森·鲍尔斯比：《智库之非》，载于《公共舆论》1983 年 4—5 月，第 14—16 页。

③ 唐纳德·埃布尔森：《智库、布什政府与美国外交政策》，载于英得基特·帕尔默等主编：《美国外交新方向》，罗德利奇出版社 2009 年版第 92—105 页。

④ 唐纳德·埃布尔森：《从历史看智库与美国外交政策》，美国国务院电子刊物《美国外交议程》2002 年 11 月第 7(3)号，第 9—12 页。

再，为了收复失地不得不“向右转”。然而，20 世纪 80 年代的美国企业研究所被认为太温和、太中立。传统基金会站在右翼的立场上攻击美国企业研究所，以吸引更多保守派的支持；而布鲁金斯学会从左翼的角度谴责美国企业研究所，以获取更多中间派的支持者。通过有效地瞄准保守派学者、赞助者和政策制定者，传统基金会给美国企业研究所造成了巨大损失。到 20 世纪 80 年代中期，像欧林基金会这样的大捐赠者不再支持美国企业研究所。竞争恶化了研究所的管理问题，缺乏捐助改变了政治气候，里根招募美国企业研究所的学者造成人才流失。所有这些因素都导致美国企业研究所走下坡路。①

多年以来，林德、布拉德利、卡内基和科赫等右翼基金会不仅资助智库，而且支持大学的保守派学生做记者、说客、政策专家、经济学家和律师。作为自由市场经济的忠实信徒，这些右翼先锋与共和党一起，将其金主的保守议题带进国会山和白宫。这些右翼智囊为保守派媒体大亨默多克工作，在智库和政治行动委员会推动美国政治“向右转”。②

当自由派在优先关注提高各个阶层美国人的生活条件、社会安全和平等权利之时，保守派却沉迷于维护权力精英们的经济和政治特权。为了赢得选举，共和党人挑起了美国白人对少数族群、共产主义者、同性恋、移民和恐怖分子的恐惧。国家安全成为了限制公民自由的借口。推动经济繁荣在某些时候成为了支持种族主义的借口，福利国家的实践被等同于重大过失，而这些帮助了共和党人得到人民的授权。③

右翼智库重塑了全国的公共政策辩论。他们保守的社会安全私有化的观点在左翼大学可能不会受欢迎，但其有限政府的主张却满足了媒体、公众和公司捐赠者的利益。④ 由于财力雄厚，保守的研究机构赢得了思想

---

① 詹姆斯·麦甘：《公共政策研究行业对美元、学者、影响力的争夺》，美国大学出版社 1995 年版，第 123—127 页

② 萨丽·科文顿：《保守主义慈善机构和智库如何改变美国的政策》，载于《隐蔽行动季刊》1998 年。

③ 曼努埃尔·冈萨雷斯，理查德·戴尔加多：《共和党人如何利用金钱、种族、媒体取胜》，范式出版社 2006 年版，第 VIII 页。

④ 克里斯多夫·德穆斯：《美国企业研究所》，载于詹姆斯·麦甘主编：《美国智库与政策建议：学者、顾问与倡议者》，罗德利奇出版社 2007 年版，第 78 页。

战争，他们说服了右翼基金会资助其活动。国家政策分析中心的约翰·C.古德曼说，智库采取公司的营销和销售战略打破了（研究机构的）平衡。思想工厂从研究机构转变为了公司。[①] 智库学者不仅被视为客观的学者，向政府提出中立的建议，而且是与权力集团、基金会、公司结合的，是带有政治倾向的政策营销师。另外，这些政策专家正在提倡转变意识形态，重新确立政治方向。这种观点可以在唐·T·卡特、艾伦·克劳福德、托马斯·埃兹尔、迈克尔·林德、戈弗雷·霍奇森、保罗·克鲁格曼、曼努埃尔·冈萨雷斯和理查德·戴尔加多等自由派评论家的作品中看到。[②] 例如，政党与智库建立起紧密联系，像民主党与布鲁金斯学会、共和党与传统基金会以及里根至小布什时期的美国企业研究所。[③]

克林顿政府的政治转变以及"9·11"事件后小布什所引发的国际危机都被智库操纵，以符合支持他们的公司、媒体和政策客户的利益。在此背景下，本书考察了智库及其在对外关系和国家安全领域对美国民主政治的影响。智库的政策建议与导致美国政治两极分化的现实世界的发展变化有关。民选官员有权决定是否赞同制定中的政策，但他们希望获得来自智库学者的政策建议。尽管学者们的影响限于确定议题，但他们提出了各种政策选项，并且能够使公众借助他们的思想来理解外交政策议题。他们充当着美国外交政策智囊团的角色。最后由立法者来对这些新的政策主张择善而从并付诸实施。[④]

---

① 约翰·古德曼：《智库是什么?》，国家政策分析中心网站 2005 年 12 月 20 日。

② 曼努埃尔·冈萨雷斯，理查德·戴尔加多：《共和党人如何利用金钱、种族、媒体取胜》，范式出版社 2006 年版，第 VIII 页。

③ 戴安·斯通：《智库、政策建议与治理》，载于斯通等主编：《智库传统、政策研究与思想的政治》，曼彻斯特大学出版社 2004 年版，第 8 页。

④ 戴安·斯通：《智库与政策程序》，卡斯出版社 1996 年版，第 2 页。

附录一　参考文献

1. 唐纳德·埃布尔森，克里斯·丁卡伯里：《总统选举中的政策专家：智库介入选战的一种模式》，载于《总统研究季刊》1997 年第 27(4)号，第 679—697 页。
(Abelson, Donald E. & Carberry, Christine M. "Policy Experts in Presidential Campaigns. A Model of Think Tank Recruitment", *Presidential Studies Quarterly*, 1997, 27(4), pp. 679 - 697.)
2. 唐纳德·埃布尔森：《智库与美国外交政策》，麦吉尔-女王大学出版社 2006 年版。
(Abelson, Donald E. *A Capitol Idea: Think Tanks and U. S. Foreign Policy*. Montreal and Kingston: McGill-Queen's University Press, 2006.)
3. 唐纳德·埃布尔森：《美国智库》，载于戴安·斯通等主编：《各国智库比较研究》，曼彻斯特大学出版社 1998 年版，第 107—126 页。
(Abelson, Donald E. "Think Tanks in the United States", in Diane Stone, Andrew Denham and Mark Garnett [eds], *Think Tanks Across Nations: A Comparative Approach*. Manchester: Manchester University Press, 1998: 107 - 126.)
4. 唐纳德·埃布尔森，艾佛特·林奎斯特：《北美智库》，载于肯特·韦弗、詹姆斯·麦甘主编：《智库与公民社会》，事务出版社 2000 年版，第 37—66 页。
(Abelson, Donald E. & Evert A. Lindquist. "Think Tanks Across North America", in R. Kent Weaver and James G. McGann [eds], *Think Tanks and Civil Societies: Catalyst for Ideas and Action*. New Jersey: Transaction Publishers, 2000: 37 - 66.)
5. 唐纳德·埃布尔森：《公共政策研究机构评估》(第 2 版)，麦吉尔-女王大学出版社 2009 年版。
(Abelson, Donald E. *Do Think Tanks Matter? Assessing the Impact of Public Policy Institutes*. 2nd Edition. Montreal, McGill-Queen's University Press 2009.)
6. 唐纳德·埃布尔森：《智库，反恐战争与反美主义》，载于理查德·西戈特等主编:《反美主义的政治后果》,劳特里奇出版社 2008 年版。

(Abelson, Donald E. "In the Line of Fire: Think Tanks, the War on Terror and Anti-Americanism", in Richard Higgott and Ivana Malbasic [eds], *The Political Consequences of Anti-Americanism*. London: Routledge, 2008, pp. 44 - 57.)

7. 唐纳德·埃布尔森:《思想之战》,《智库与反恐政策选择》2007 年 3 月第 28(3)号,第 75—78 页。

(Abelson, Donald E. "A War of Ideas", *Think tanks and Terrorism Policy Options*, 28[3] March 2007, pp. 75 - 78.)

8. 唐纳德·埃布尔森:《从历史看智库与美国外交政策》,美国国务院电子刊物《美国外交议程》2002 年 11 月第 7(3)号,第 9—12 页。

(Abelson, Donald E. "Think Tanks and U. S. Foreign Policy: A Historical View. U. S.", *Foreign Policy Agenda: An Electronic Journal of the U. S. Department of State*, 7[3], November 2002, pp. 912.)

9. 唐纳德·埃布尔森:《从政策研究到政治倡议:美国政治中智库的角色转变》,载于《加拿大美国研究评论》1995 年冬季第 25(1)号,第 93—126 页。

(Abelson, Donald E. "From Policy Research to Political Advocacy: The Changing Role of Think Tanks in American Politics", *The Canadian Review of American Studies*, 25[1] Winter 1995: 93 - 126.)

10. 唐纳德·埃布尔森:《智库、布什政府与美国外交政策》,载于英得基特·帕尔默等主编《美国外交新方向》,劳特里奇出版社 2009 年版,第 92—105 页。

(Abelson, Donald E. "What Were They Thinking? Think Tanks, the Bush Administration and U. S. Foreign Policy", in Inderjeet Parmar, Linda B. Miller and Mark Ledwidge [eds], *New Directions in US Foreign Policy*. London: Routledge, 2009: 92 - 105.)

11. 阿里·伯曼:《米特·罗姆尼的战争内阁》,《国家杂志》2012 年 5 月号。

(Berman, Ari. "Mitt Romney's War Cabinet", The Nation May 21 2012.)

12. 西德尼·布鲁门梭:《克林顿的战争》,FSG 出版社 2003 年版。

(Blumenthal, Sidney: *The Clinton Wars*. New York, Farrar, Straus & Giroux 2003.)

13. 帕特里克·布坎南:《新保守主义者如何扰乱里根革命并绑架布什时期的政策》,圣马丁出版社 2004 年版。

(Buchanan, Patrick J. *Where the Right Went Wrong. How Neoconservatives Subverted the Reagan Revolution and Hijacked the Bush Presidency*. New York, St. Martin's Press 2004.)

14. 理查德·克拉克:《内窥美国的反恐战争》,自由出版社 2004 年版。

(Clarke, Richard A. *Against All Enemies. Inside America's War on Terror.*

New York：Free Press 2004.）

15. 汤姆·考夫曼：《美国在伊拉克的前事》，载于马吉德·特兰尼安等主编：《美国与世界》，事务出版社 2005 年版，第 3—11 页。

(Coffman，Tom. "The American Antecedent in Iraq"，Tehranian，Majid and Clements，Kevin P.（eds.），*America and the World. The Double Bind*. New Brunswick：Transactions 2005，3 – 11.）

16. 萨丽·科文顿：《保守主义慈善机构和智库如何改变美国的政策》，载于《隐蔽行动季刊》1998 年。

(Covington，Sally. "How Conservative Philanthrophies and Think Tanks Transform US Policy"，*Covert Action Quarterly*，1998. In：www. thirdworld traveler/Democracy/ConservThinkTanks. html [Oct. 14th，2009].）

17. 唐纳德·克里契特罗：《共和党右翼如何在现代美国登上权力宝座》，堪萨斯大学出版社 2011 年版。

(Crichtlow，Donald T. *The Conservative Ascendancy. How the Republican Right Rose to Power in Modern America*. 2. edn. Lawrence：University Press of Kansas 2011.）

18. 克里斯多夫·德穆斯：《美国企业研究所》，载于詹姆斯·麦甘主编：《美国智库与政策建议：学者、顾问与倡议者》，劳特里奇出版社 2007 年版，第 77—79 页。

(DeMuth，Christopher [President]. "American Enterprise Institute"，In：McGann，James G. *Think Tanks and Policy Advice in the United States：Academics，Advisors and Advocates*. New York，Routledge 2007 pp. 77 – 79.）

19. 加里·多里恩：《社会不公的社会伦理》，哥伦比亚大学出版社 2010 年版。

(Dorrien，Gary. *Economy，Difference，Empire. Social Ethics for Social Injustice*. New York：Columbia University Press 2010.）

20. 加里·多里恩：《新保守主义与新的美国治下的和平》，劳特里奇出版社 2004 年版。

(Dorrien，Gary. *Imperial Designs. Neoconservatism and the New Pax Americana*. New York：Routledge 2004.）

21. 托马斯·戴伊：《自上而下的决策》，查塔姆学会出版社 2001 年版。

(Dye，Thomas R. *Top Down Policymaking*，New York：Chatham House Publishers 2001.）

22. 妮娜·伊斯顿：《领导新保守主义崛起的五人帮》，西蒙-舒斯特出版社 2000 年版。

(Easton，Nina J. *Gang of Five：Leaders at the Center of the Conservative Ascendancy*. New York：Simon & Schuster 2000.）

23. 约翰·厄尔曼:《新保守主义崛起中的知识分子与外交政策》,耶鲁大学出版社 1995 年版。
(Ehrman, John: *The Rise of Neoconservatism. Intellectuals and Foreign Affairs 1945 – 1994*. New Haven, Yale University Press 1995.)

24. 罗丝玛丽·富特等:《美国霸权与国际组织介绍》,载于《美国霸权与国际组织,美国与多边机制》,牛津大学出版社 2003 年版,第 1—22 页。
(Foot, Rosemary, S. Neil MacFarlane & Michael Mastanduno [eds.]: Introduction. "U.S. Hegemony and International Organizations", in *The United States and Multilateral Institutions*. Oxford 2003, pp. 1 – 22.)

25. 托马斯·弗兰克:《伊拉克之后联合国发生了什么?》载于《美国国际法论刊》第 97 卷(2003 年),第 607—620 页。
(Franck, Thomas M. "What Happens Now? The United Nations after Iraq", *American Journal of International Law (AJIL)*, Vol. 97(2003), 607 – 620.)

26. 曼努埃尔·冈萨雷斯,理查德·戴尔加多:《共和党人如何利用金钱、种族、媒体取胜》,范式出版社 2006 年版。
(Gonzales, Manuel G. & Delgado, Richard. *The Politics of Fear. How Republicans Use Money, Race, and the Media to Win*. Boulder, Paradigm Publishers, 2006.)

27. 约翰·古德曼:《智库是什么?》,国家政策分析中心网站 2005 年 12 月 20 日。
(Goodman, John C. "What is a Think Tank?" National Center for Policy Analysis. Dec. 20th, 2005. In: www. ncpa. org/pub/special/20051220 – sp. html [October 15th. 2009].)

28. 约翰·古德曼:《国家政策分析中心》,载于詹姆斯·麦甘主编:《美国智库与政策建议:学者、顾问与倡议者》,劳特里奇出版社 2007 年版,第 117—124 页。
(Goodman, John C. [President]. "National Center for Policy Analysis", In: McGann, James G. *Think Tanks and Policy Advice in the United States: Academics, Advisors and Advocates*. New York, Routledge 2007, S. 117 – 124)

29. 理查德·哈斯:《从决策者的角度看智库与美国外交政策》,载于美国国务院电子杂志《美国外交政策议程》第 7 卷第 3 号(2002 年 11 月),第 5—8 页。
(Haas, Richard. N. "Think Tanks and U. S. Foreign Policy. A Policy-Maker's Perspective", In: "The Role of the Think Tanks in U.S Foreign Policy", *U. S. Foreign Policy Agenda*. An Electronic Journal of the Department of State. Vol. 7, No. 3 [Nov. 2002], p. 5 – 8. In: www.scribd.com/doc/3210628/the-role-of-the-think-tank-in-us-foreign-policy[August 2nd 2009].)

30. 斯蒂凡·哈尔珀,乔纳森·克拉克:《美国新保守主义者与全球秩序》,剑桥大学出版社 2004 年版。

(Halper, Stefan & Clarke, Jonathan, *America Alone. The Neo-Conservatives and the Global Order*. Cambridge: Cambridge University Press 2004.)

31. 瑞安·亨德里克森:《克林顿的战争——宪法、国会与战力》,范登比尔特大学出版社 2002 年版。

(Hendrickson, Ryan. *The Clinton Wars-The Constitution, Congress, and War Powers*, Nashville: Vanderbildt University Press, 2002.)

32. 理查德·西哥特,戴安·斯通:《英美外交政策智库的影响力研究》,载于《国际研究评论》第 20 卷第 1 号(1994 年 1 月),第 15—34 页。

(Higgott, Richard & Stone, Diane. "The Limits of Influence: Foreign Policy Think Tanks in Britain and the USA", *Review of International Studies*, Vol. 20, No. 1 [Jan. 1994], pp. 15 - 34. In. www.jstor.org/stable/20097355 [July 31st, 2009].)

33. 雅各布·海尔布伦:《米特·罗姆尼的新保守主义外交政策》,载于《国家利益杂志》2012 年 4 月。

(Heilbrunn, Jacob. "Mitt Romney's Neocon Foreign Policy". *The National Interest*, April 2, 2012.)

34. 杰森·霍洛维茨:《罗姆尼攻击奥巴马外交政策显示新保守主义主导地位》,载于《华盛顿邮报》2012 年 9 月 13 日。

(Horowitz, Jason. "Romney's Attacks on Obama Foreign Policy Show Neocons' Dominance". *The Washington Post*, Sept. 13. 2012.)

35. 塞缪尔·亨廷顿:《为什么国际头号地位如此重要》,载于《国际安全杂志》1993 年 17(4)号,第 68—83 页。

(Huntington, Samuel P. "Why International Primacy Matters", *International Security*, 1993,17(4),68 - 83.)

36. 劳伦斯·雅各布,本杰明·佩芝:《谁在影响美国外交政策?》载于《美国政治学评论》第 99 卷第 1 号(2005 年 2 月),第 107—123 页。

(Jacobs, Lawrence R. & Page, Benjamin I. "Who Influences U. S. Foreign Policy?" *The American Political Science Review*, Vol. 99, No. 1 (Febr. 2005); pp. 107 - 123 (p. 121). In: www. jstor. org/stable/30038922 [July 31st, 2009].)

37. 罗伯特·杰维斯:《新时期的美国外交政策》,纽约出版社 2005 年版。

(Jervis, Robert. *American Foreign Policy in a New Era*. New York 2005.)

38. 约翰·朱迪斯:《米特·罗姆尼,现代新保守派》,载于《新共和》2012 年 9 月 13 日。

(Judis, John B. "Mitt Romney, Latter-Day Neocon", *The New Republic*, Sept. 13. 2012.)

39. 角谷美智子:《书评:布什政府的顾问如何与世界相抗》,载于《纽约时报》2004

年 3 月 4 日。
(Kakutani, Michiko. "How Bush's Advisers Confront the World. Books of The Times: 'Rise of the Vulcans' by James Mann". *The New York Times*, March. 4. 2004.)

40. 约翰·金顿:《议程、选项与公共政策》,布朗出版社 1984 年版。
(Kingdon, John W. *Agendas, Alternatives and Public Policies*. Boston, Little, Brown & Company, 1984.)

41. 罗伯特·库特纳:《慈善与社会运动》,载于《美国视角》2002 年 7 月 15 日。
(Kuttner, Robert. "Philanthrophy and Movements". *The American Prospect*, July 15 2002. www.propect.org/cs/articles? article = philanthropy _ and _ movements [Accessed Jan. 25. 2013].)

42. 艾伦·莱普森:《亨利·史丁森中心》,载于詹姆斯·麦甘主编:《美国智库与政策建议:学者、顾问与倡议者》,劳特里奇出版社 2007 年版,第 94—97 页。
(Laipson, Ellen [Präsident und CEO]. "The Henry L. Stimson Center", In: McGann, James G. *Think Tanks and Policy Advice in the United States: Academics, Advisors and Advocates*. New York, Routledge 2007, pp. 94 - 97.)

43. 马克·拉根,威廉·舒尔茨:《保守主义者、自由主义者与人权》,载于《政策评论》2012 年 2 月 1 日。
(Lagon, Mark P. & Schultz, William F. "Conservatives, Liberals, and Human Rights". *Policy Review*, No. 171 Febr. 1. 2012. www.hoover.org/publications/policy-review/article/106486 [Accessed Febr. 5. 2013])

44. 罗伯特·兰德斯:《智库:新的党派分子?》载于《美国国会季刊》1986 年 6 月 20 日,第 455—472 页。
(Landers, Robert K. "Think-Tanks: The New Partisans?" Editorial Research Reports, *Congressional Quarterly*, 1(23)20 June 1986, pp. 455 - 472.)

45. 爱德华·拉克:《美国例外论与国际组织,20 世纪 90 年代的教训》,载于罗丝玛丽·富特等主编:《美国霸权与国际组织,美国与多边机制》,牛津大学出版社 2003 年版,第 25—48 页。
(Luck, Edward C. "American Exceptionalism and International Organisation: Lessons from the 1990s", Rosemary Foot & S. Neil MacFarlane and Michael Mastanduno (eds.), *U. S. Hegemony and International Organizations. The United States and Multilateral Institutions*. Oxford: Oxford University Press 2003: 25 - 48.)

46. 汉斯·茂尔:《寻求有效的多边主义与跨大西洋关系的未来》,载于《外交政策对话》第 8 卷第 25 期,第 9—18 页。
(Maull, Hanns W. "The Quest for Effective Multilateralism and the Future of

Transatlantic Relations", *Foreign Policy in Dialogue*, Vol 8, Issue 25, 9 - 18.)

47. 詹姆斯・麦甘:《公共政策研究行业简史》,载于《政治学与政治》第 25 卷第 4 号(1992 年 12 月),第 733—740 页。
(McGann James G. "Academics to Ideologues: A Brief History of the Public Policy Research Industry", *Political Science and Politics*. Vol. 25. No. 4 (Dec. 1992), pp. 733 - 740 [p. 737]. In: www. jstor. org/stable/419684 [March 31st, 2009].)

48. 詹姆斯・麦甘:《公共政策研究行业对美元、学者、影响力的争夺》,美国大学出版社 1995 年版。
(McGann, James G. *The Competition for Dollars, Scholars and Influence in the Public Policy Research Industry*. Lanham, University Press of America, 1995.)

49. 詹姆斯・麦甘:《美国智库与政策建议:学者、顾问与倡议者》,劳特里奇出版社 2007 年版,
(McGann, James G. *Think Tanks and Policy Advice in the United States: Academics, Advisors and Advocates*. New York, Routledge 2007.)

50. 沃尔特・米德:《处于世界险情中的美国大战略》,克诺夫出版社 2004 年版。
(Mead, Walter Russell. *Power, Terror, Peace and War. America's Grand Strategy in a World at Risk*. New York: Knopf 2004.)

51. 约翰・米柯勒斯维特,亚德里安・伍尔德里奇:《右翼国家:美国的保守主义力量》,企鹅出版社 2004 年版。
(Micklethwait, John & *Wooldridge, Adrian: The Right Nation. Conservative Power in America*. New York: Penguin Books 2004.)

52. 约瑟夫・奈:《美国外交政策中软权力的未来》,载于英得基尔・帕尔默等主编:《从理论、历史和当代视角看软权力与美国外交》,劳特里奇出版社 2010 年版,第 4—11 页。
(Nye, Joseph S. "The Future of Soft Power in U.S. Foreign Policy", Inderjeet Parmar and Michael Cox (Eds.), *Soft Power and U.S. Foreign Policy. Theoretical, Historical and Contemporary Perspectives*. London: Routledge 2010,4 - 11)

53. 约瑟夫・奈:《软权力》,公共事务出版社 2004 年版。
(Nye, Joseph S. Soft Power. *The Means to Success in World Politics*. New York: Public Affairs, 2004.)

54. 大卫・纽桑:《外交政策的公共维度》,印第安纳大学出版社 1996 年版。
(Newsom, David D. *The Public Dimension of Foreign Policy*. Bloomington, Indiana University Press 1996.)

55. 伊兰·佩勒格：《乔治·W. 布什的外交政策》，西方视野出版社 2009 年版。
(Peleg, Ilan. *The Legacy of George W. Bush's Foreign Policy. Moving Beyond Neoconservatism*. Boulder: Westview Press 2009.)

56. 约瑟夫·佩谢克：《政策规划组织：精英议程与美国的右倾趋向》，坦普尔大学出版社 1987 年版。
(Peschek, Joseph G. *Policy-Planning Organisations. Elite Agendas and America's Rightward Turn*. Philadelphia, Temple University Press 1987.)

57. 克莱德·普莱斯托维茨：《善意的失败与美国单边主义》，巴西克出版社 2003 年版。
(Prestowitz, Clyde: *Rogue Nation: American Unilateralism and the Failure of Good Intentions*. New York: Basic Books 2003.)

58. 科林·鲍威尔：《伙伴关系的战略》，《外交杂志》2004 年第 83 - 1 号，第 22—34 页。
(Powell, Colin. "A Strategy of Partnerships", In: *Foreign Affairs*, 2004, Jg. 83, Nr. 1, pp 22 - 34.)

59. 内尔森·鲍尔斯比：《智库之非》，载于《公共舆论》1983 年 4—5 月，第 14—16 页。
(Polsby, Nelson. "Tanks but no Tanks", *Public Opinion*, April-May 1983, pp. 14 - 16.)

60. 保罗·雷纳德：《新保守主义迷梦的终结》，BBC 新闻 2006 年 12 月 21 日。
(Reynolds, Paul: "End of the Neo-con Dream". BBC News Dec. 21. 2006. http://news.bbc.co.uk/go/pr/fr/-/2/hi/middle_east/6189793.stm [Accessed: Jan. 21. 2013])

61. 大卫·李奇：《新派华盛顿与智库的崛起》，耶鲁大学出版社 1993 年版。
(Ricci, David. *The Transformation of American Politics. The New Washington and the Rise of Think Tanks*. New Haven, Yale University Press, 1993.)

62. 康多莉扎·赖斯：《推进国家利益》，《外交杂志》2000 年第 79 - 1 号，第 45—62 页。
(Rice, Condoleeza. *Promoting the National Interest*. In: Foreign Affairs, 2000, Jg. 79, Nr. 1, pp. 45 - 62.)

63. 安德鲁·里奇：《智库、公共政策与专业的政治》，剑桥大学出版社 2004 年版。
(Rich, Andrew. *Think Tanks, Public Policy and the Politics of Expertise*. Cambridge, Cambridge University Press 2004.)

64. 本杰明·利福林：《英国改革疏离美国立场》，1995 年 9 月 25 日在联合国大学的发言。
(Rivlin, Benjamin. "UN Reform from the Standpoint of the United States", A

Presentation Made At The United Nations University on 25 September 1995, Tokyo Japan, UN University Lectures 11. In: www. unu. edu/unupress/ lecture11. html)

65. 罗德,大卫・马什:《政策网络研究新探索》,《欧洲政策研究杂志》1992年第21期,第181—205页。
(Rhodes, R. A. W. & Marsh, David. "New Studies in the Study of Policy Networks", *European Journal of Policy Research* 1992,21, pp. 181 - 205.)

66. 大卫・罗切福德,罗杰・科布:《界定问题的政治》,堪萨斯大学出版社1994年版。
(Rochefort, David A. & Cobb, Roger W. *The Politics of Problem Definition. Shaping the Policy Agenda*. Lawrence: University Press of Kansas 1994.)

67. 沙巴提耶,詹金斯-史密斯主编:《从政策倡议联盟看政策转变与学习》,西方视野出版社1993年版。
(Sabatier, P. A. & Jenkins-Smith, H. C. [eds.]: Policy Change and Learning. An Advocacy Coalition Approach. Boulder, Westview Press, 1993.)

68. 马丁・谢弗:《总统的战力与反恐战争:我们是否注定要再度犯错?》,载于约翰・大卫主编《全球反恐战争:评估美国的反应》,纽约出版社2004年版,第27—44页。
(Sheffer, Martin S. "Presidential War Powers and the War on Terrorism: Are We Destined to Repeat Our Mistakes?" In: Davis, John [ed.]: *The Global War on Terrorism: Assessing the American Response*. New York 2004, pp. 27 - 44.)

69. 詹姆斯・斯基林:《与世界为伍还是对抗?美国在国家之林中的角色》,兰纳姆出版社2005年版。
(Skillen, James W. *With or Against the World? America's Role Among the Nations*. Lanham 2005.)

70. 大卫・司基摩尔:《认识美国外交政策的单边主义转向》,《外交政策分析》第2号(2005),第207—228页。
(Skidmore, David: "Understanding the Unilateralist Turn in U. S. Foreign Policy". *Foreign Policy Analysis* No. 2[2005],207 - 228.)

71. 詹姆斯・史密斯:《智库与美国新政策精英的崛起》,自由出版社1991年版。
(Smith, James A. *The Idea Broker: Think Tanks and the Rise of the New Policy Elite*. New York, Free Press 1991.)

72. 詹妮弗・斯特林-福尔克:《坚定的多边主义与后冷战美国外交政策》,载于詹姆斯・斯考特主编:《在后冷战世界制定美国外交政策》,杜克大学出版社1998年版,第277—304页。
(Sterling-Folker, Jennifer: "Between a Rock and a Hard Place. Assertive

Multilateralism and PostCold-War U. S. Foreign Policy". James M. Scott, (Ed.): *After the End. Making U. S. Foreign Policy in the Post-Cold-War World*. Durham: Duke University Press 1998,277-304.)

73. 戴安·斯通:《智库、政策建议与治理》,载于斯通等主编:《智库传统、政策研究与思想的政治》,曼彻斯特大学出版社 2004 年版,第 1—16 页。
(Stone, Diane. Introduction. "Think Tanks, Policy Advice, and Governance", In: Stone, Diane & Denham, Andrew (eds.), *Think Tank Traditions, Policy Research, and the Politics of Ideas. Manchester*, Manchester University Press 2004, pp. 1-16.)

74. 戴安·斯通:《智库与政策程序》,卡斯出版社 1996 年版。
(Stone, Diane: *Capturing the Political Imagination. Think Tanks and the Policy Process*. London, Frank Cass 1996.)

75. 戴安·斯通,安德鲁·德纳姆主编:《智库传统、政策研究与思想的政治》,曼彻斯特大学出版社 2004 年版。
(Stone, Diane & Denham, Andrew (eds.), *Think Tank Traditions, Policy Research, and the Politics of Ideas. Manchester*, Manchester University Press 2004.)

76. 马吉德·特兰尼安:《前言》,特兰尼安等主编《美国与世界》,事务出版社 2005 年版。
(Tehranian, Majid: "Preface". Majid Tehranian and Kevin P. Clements (Eds.), *America and the World*. The Double Bind. (New Brunswick: Transaction Publishers 2005), VII-IX.)

77. 乔治·策白利:《唱反调者:政治机制如何运作》,普林斯顿大学出版社 2002 年版。
(Tsebelis, George. *Veto Players. How Political Institutions Work. Princeton*, Princeton University Press 2002.)

78. 约书斯·韦拉斯科:《里根与小布什时期美国外交政策中的新保守主义分子》,威尔逊中心出版社 2010 年版。
(Velasco, Jesús. *Neoconservatives in U.S. Foreign Policy under Ronald Reagan and George W. Bush. Voices Behind the Throne*. Washington D. C.: Woodrow Wilson Center Press 2010.)

79. 威廉·华莱士:《思想与影响力》,载于戴安·斯通等主编:《各国智库比较研究》,曼彻斯特大学 1998 年版,第各国智库比较研究》,曼彻斯特大学出版社 1998 年版,第 223—230 页。
(Wallace, William. Conclusion. "Ideas and Influence", In: Stone, Diane & Denham, Andrew & Garnett, Mark (Eds.): *Think Tanks Across Nations*. Manchester, Manchester University Press 1998, pp. 223-230.)

80. 肯特·韦弗:《智库所处的变动世界》,载于《政治学与政治》1989 年 9 月号,第 563—578 页。
(Weaver, R. Kent. "The Changing World of Think Tanks", PS: *Political Science and Politics*. September 1989, pp. 563 - 578.)

81. 卡罗尔·魏斯:《政策分析机构的功能与效果》,载于魏斯主编:《帮助政府思考的政策建议机构》,塞奇出版社 1992 年版,第 6—8 页。
(Weiss, Carol. Introduction: "Helping Government Think: Functions and Consequences of Policy Analysis Organisations", In: Weiss, Carol (Ed.) *Organisations for Policy Advice. Helping Government Think*. London, Sage 1992, pp. 6 - 8.)

82. 霍华德·威亚尔达:《美国企业研究所的起起落落》,列克辛顿出版社 2009 年版。
(Wiarda, Howard. *Conservative Brain Trust. The Rise, Fall, and Rise Again of the American Enterprise Institute*. Lanham, Lexington Books, 2009.)

83. 赫尔·威尔逊:《后现代主义之后的资本主义》,莱登出版社 2002 年。
(Wilson, Hall T.: *Capitalism After Postmodernism. Neo-conservatism, Legitimacy and the Theory of Public Capital*. Leiden 2002.)

德文文献

1. Arin, Kubilay Yado. *Die Rolle der Think Tanks in der US Außenpolitik*. Von Clinton zu Bush Jr. Wiesbaden, VS Springer 2013.
2. Braml, Josef. "Deutsche und amerikanische Think Tanks. Voraussetzungen für ihr Wirken", Wissenschaft und Frieden 2004 - 4: *Think Tanks*. In www.wissenschaft-undfrieden.de/seite.php? artikelIId=0337, pp. 1 - 5. [July 31st, 2009]
3. Czempiel, Ernst-Otto: "Die stolpernde Weltmacht". *Aus Politik und Zeitgeschichte* B 46(2003), pp. 7 - 15.
4. Glaab, Manuela & Metz, Almut. "Politikberatung und Öffentlichkeit", In: Falk, Svenja (ed.): *Handbuch Poltikberatung*. Wiesbaden 2006, pp. 161 - 172.
5. Gehlen, Martin. "Kulturen der Politkberatung-USA", In: Bröchler, Stephan & Schützeichel, Rainer (eds.), *Politikberatung*. Stuttgart 2008, pp. 480 - 492.
6. Haller, Gert. *Die Bedeutung von Freiheit und Sicherheit in Europa und den USA*. APuZ, 5 - 6/2008, pp. 9 - 14.
7. Hennis, Michael. *Der neue Militärisch-Industrielle Komplex in den USA*. APuZ, B46/2003, pp. 41 - 46.

8. Homolar-Riechmann. *Pax Americana und die gewaltsame Demokratisierung. Zu den politischen Vorstellungen der neokonservativen Think Tanks*. APuZ, B46/2003, pp. 33 - 40.

9. Jäger, Thomas. "Hypermacht und Unilateralismus. Außenpolitik unter George W. Bush", *Blätter für deutsche und internationale Politik*, July 2001,837 - 846.

10. Katz, Richard S. "Politische Parteien in den Vereinigten Staaten", *Fokus Amerika der Friedrich-EbertStiftung* Nr. 7, Washington, D. C. 2007.

11. Krugman, Paul. "Nach Bush. Das Ende der Neokonservativen und die Stunde der Demokraten", (Bonn: *Bundeszentrale für politische Bildung* 2008).

12. Müller, Harald. "Das transatlantische Risiko-Deutungen des amerikanisch-europäischen Weltordnungskonflikts", *Aus Politik und Zeitgeschichte* B 3 - 4/(2004),43 - 44.

13. Pfaff, William. "Die Verselbständigung des Militärischen in der amerikanischen Politik", *Blätter für deutsche und internationale Politik*, (2001),2,177 - 196.

14. Reinicke, Wolfgang H. *Lotsendienste für die Politik: Think Tanks-amerikanische Erfahrungen und Perspektiven für Deutschland*. Gütersloh 1996.

15. Rubenstein, Richard E. *Die US-amerikanischen Wahlen. Aussichten für eine neue amerikanische Außenpolitik. Fokus Amerika der Friedrich-Ebert-Stiftung* (Nr. 2), Washington, D. C. 2008. p. 5 - 6.

16. Rudolf, Peter. "USA-Sicherheitspolitische Konzeptionen und Kontroversen", In: Ferdowsi, Mir A. (ed.): *Sicherheit und Frieden zu Beginn des 21.* Jahrhunderts. München 2002, pp. 149 - S. 163.

17. Thunert, Martin. *Think Tanks in Deutschland-Berater der Politik?* ApuZ B51/2003, pp. 30 - 38

18. Weller, Christoph. "Machiavellistische Außenpolitik-Altes Denken und seine US-amerikanische Umsetzung", In: Hasenclever, Andreas/Wolf, Klaus Dieter & Zürn, Michael (eds.): *Macht und Ohnmacht internationaler Institutionen*. Frankfurt a. M. /New York: Campus, 2007, pp. 81 - 114.

附录二　美国知名智库[①]

布鲁金斯学会

布鲁金斯学会(The Brookings Institution)是最早的现代意义上的智库,从事公共政策的研究。宾夕法尼亚大学的《全球智库报告》将其评为全球最有影响力的智库。美国《外交政策》杂志发表的《年度智库索引》也将其列为美国排名第一的智库。其研究受到媒体最广泛的引证,也是政治家最经常引证的智库。该学会与美国外交关系协会(Council on Foreign Relations)和卡内基国际和平基金会(Carnegie Endowment for International Peace)一起被认为是美国最有影响的政策研究机构。

布鲁金斯学会的前身是 1916 年创建的政府研究所(The Institute for Government Research),创始人罗伯特·布鲁金斯(Robert S. Brookings)是企业家、慈善家。继成立该所后,他又相继于 1922 年和 1924 年资助成立了经济研究所(Institute of Economics)和布鲁金斯研究生院(Robert Brookings Graduate School of Economics and Government)。这 3 个机构于 1927 年 12 月 8 日合并成为布鲁金斯学会。

早在 20 世纪 20 年代哈定总统时期,布鲁金斯学会就帮助联邦政府拟定预算草案,制订战争中的债务政策和改革税务制度的方案等。30 年代大萧条期间,布鲁金斯学会的经济学家们在第一任总裁哈罗德·莫尔顿

① 附录二系译者增加的内容,是关于该书提到的一些知名美国智库的背景知识,为的是方便读者更好地理解该书关于美国智库发展路径的讨论。附录二所列的智库不仅都在该书中有所反映,而且都在美国最有影响力和最具代表性的智库之列。

(Harold Moulton)支持下开展密集研究来寻找大萧条的原因。不过他们对罗斯福新政多有非议,认为新政措施阻碍了经济复苏。随着美国卷入第二次世界大战,布鲁金斯学会转而支持政府。1948年,政府要求学会起草一份有关推动欧洲复兴的计划,学会就此提出的建议构成了马歇尔计划的核心内容。20世纪60年代以来,该会为每届新政府都会提供一份执政中面临的主要问题综述报告。在肯尼迪和约翰逊执政时期,学会在从空间研究计划到经济政策等方面为政府出谋划策,参与并拟定了"伟大社会"计划。1995—2000年担任学会总裁的迈克尔·阿马考斯特(Michael Amacost)曾在卡特政府的国家安全委员会中负责亚洲和中东事务,又任里根政府的副国务卿,并任老布什政府的驻日大使。现任总裁斯特普·塔尔博特(Strobe Talbott)也曾担任克林顿政府的副国务卿。

组织上,布鲁金斯学会的最高权力机构为董事会,实行总裁负责制,总裁之下分为行政管理和学术研究两大部分。学会有研究人员和工作人员近300人,其中高级研究员50多人,副研究员16人,还有助理研究员。根据研究领域划分为五个部门,即外交政策、全球经济与发展、经济政策、城市政策、治理研究。每个部门由一名副总裁主管,并下设若干个研究中心,其中,外交政策部是布鲁金斯学会中获得预算最多的研究部。

"质量、独立、影响"是布鲁金斯标榜的信条。布鲁金斯学会研究的独立性通过以下措施来保证:一是资金捐助者不能干预研究题目和研究结论;二是对政府的资助实行限制(不得超过总收入的20%),也不接受秘密项目研究;三是强调其研究的非党派性。为此学会成员必须遵守与政治活动有关的规定,学会允许他们在非党派的和不排斥其他观点的基础上为政府官员和公职候选人提供有关公共政策的分析和建议,但如果学会成员是为候选人的竞选或政治组织提供建议,他们就必须使用工作以外的时间,而且必须表明他们的行动仅仅是个人行为,不代表布鲁金斯学会。此外,学会不允许他们在公共场合或媒体采访中为候选人代言,也不允许他们在竞选中或同候选人的交往中使用布鲁金斯学会的设备或其他资源。

虽然学会不允许成员以学会名义参与政治,但并不妨碍学会及其研究员个人表达政治倾向。一般来说,与具有保守主义倾向的美国企业研究所(American Enterprise Institute)和传统基金会(The Heritage Foundation)

相比，布鲁金斯学会被认为是具有自由主义思想倾向的智库。从历史上看，该学会的思想倾向往往与其领导人所持立场存在密切关系。

面对21世纪出现的一系列新课题，布鲁金斯保持高度的敏感和关注。"9·11"事件后，布鲁金斯的专家经常出席国会的听证会，并提出许多涉及国土安全问题的建议，包括"保卫美国家园"计划，此外还相继上马"大都市政策研究""全球经济与发展"等新的研究项目。布鲁金斯学会也加大了对中国的关注力度，于2006年成立约翰·桑顿中国中心，并于2007年在清华大学设立清华—布鲁金斯公共政策研究中心，开展中国发展中经济与社会问题的研究。布鲁金斯还在多哈、印度均设立了研究中心，建立全球性的布局。

布鲁金斯学会在成立100周年纪念时提出了布鲁金斯2.0战略规划，制定了五个目标：(1)专注于复杂的政府事务，通过提供活动、产品和伙伴关系，寻求成为领导者，以解决现时代的主要挑战；(2)加强学会的影响和关系网，吸引新的受众和建立世界各地新的伙伴关系；(3)促进跨文化协作；(4)推动包容性和多样性，尤其是在学术队伍和管理上；(5)加强效率和可持续性。

卡内基国际和平研究院

卡内基国际和平研究院（Carnegie Endowment for International Peace）是美国成立最早又颇有影响的公共政策研究机构之一，是卡内基家族的第二大基金会；也是美国主流智库之一，标榜超越党派、兼容并蓄，以"促进国家间合作以及美国的国际交往"为宗旨，重视研究工作产生的"实际结果"。在政治立场上，研究院倾向于国际主义、多边主义，主张进行裁军、军备控制、接触谈判和国际合作，并支持把联合国作为国际论坛和世界秩序的象征，在美国智库中属于典型的"中间派"。

该研究院的创始人是美国著名的企业家、慈善家安德鲁·卡内基。1910年11月25日，在他75岁生日这天，卡内基宣布拿出1 000万美元信托资金创办卡内基基金会（后称研究院），自此，世界上第一个致力于研究和平问题和推广世界事务的公众教育机构应运而生。卡内基提名威廉·霍华德·塔夫脱总统为荣誉总裁，并挑选了28名董事，均是美国企业界和公众生活中的领袖人物，包括哈佛大学校长查尔斯·埃略特(Charles W. Eliot)、著名慈善家罗伯特·布鲁金斯、前驻英国大使约瑟夫·彻特(Joseph H. Choate)、前国务卿约翰·福斯特(John W. Foster)、麻省理工大学前校长亨利·普里彻特(Henry S. Pritchett)以及卡内基研究院院长罗伯特·伍德沃德(Robert S. Woodward)等。卡内基指示董事会成员，为达到和平目标，可"自由决定采取何种措施和政策"。他挑选长期给自己担任顾问的纽约市参议员、前战争部长依利胡·鲁特(Elihu Root)担任第一任总裁。

当时研究院的工作主要分为三部分：一是促进国际法发展和国际争端的解决；二是研究战争的根源和影响；三是促进国际理解与合作。研究院还在巴黎建立"欧洲中心"咨询委员会。第一次世界大战的爆发使许多国际主义者的信仰土崩瓦解，但卡内基研究院继续坚持促成国际和解，并在战后资助欧洲重建工作，还建立起海牙国际法学院。此外，研究院还出版了22卷的《国际法》和150卷的《世界大战经济和社会史》。这样一系列的成果使卡内基和平研究院成为美国颇受尊重的重要政策研究机构。

研究院除本身的基金外，还接受外界提供的基金，主要来源是东部财团控制的洛克菲勒基金会和福特基金会。此外还有美国政府(如国务院人口、难民及移民局)、公司、外国政府(如加拿大政府)、美洲间发展银行、世界银行及慈善机构、大学、研究所等提供的资金。

研究院总部位于华盛顿马萨诸塞大街1779号，与白宫、国会山、世界银行和国际货币基金组织总部毗邻。总部设有行政办公室、财政服务部、交流部、人力资源部、计算机系统部、研发部、《外交政策》杂志编辑部及图书馆等。此外，该研究院在北京、贝鲁特、布鲁塞尔、新德里都有分支机构。由于加入该研究院的专业研究人员既拥有相当的学术水平，又有在政府实际工作的经验，因而其中不少人被政府任命为外交官或政策顾问，或应邀参加政府举办的各种会议，出席国会听证会，因此与政府、国会、国务院的关系密切，其活动也受政府和国会人士的重视和支持。除以上途径，研究院还通过出版、现身电视媒体、举办记者招待会和其他各种会议，对政府制定对外政策和国会辩论施加广泛影响。它与外交关系协会及日耳曼·马歇尔基金会关系更为密切，双方协同办公，并互任理事。研究院还组织"初级学者计划”，每年挑选优秀大学本科生参加，组织他们研究国际关系，参加讨论，帮助导师撰写文章，了解华盛顿外交政策的运作等。

当前，卡内基研究院主要通过四大部门的活动，即“全球性政策项目”“俄罗斯和欧亚问题项目”“中国项目”，以及《外交政策》杂志，来协助制定关于传统和新生问题的政策辩论内容。清华大学与该研究院合作成立的清华—卡内基全球政策中心在国内有着不小的影响力。研究院出版的《外交政策》是世界上非常有影响的国际政治经济期刊。该杂志被美国政治学会评为“国际关系领域的知名刊物”，以英语、土耳其语、意大利语、西班牙语在 128 个国家内发行。此外，研究院还有不定期出版的《政策简报》《问题简报》《工作报告》等。

卡内基研究院成立 100 多年来，始终能够根据国际形势的变化及时调整自身的研究领域。在约瑟夫·杜勒斯(John F. Dulles)担任总裁期间，加强了研究院的课题研究和公众教育职能，并对第二次世界大战后联合国及整个国际法律体系的建立发挥过一定作用。托马斯·修斯(Thomas L. Hudles)于 1971 年担任新总裁后，坚持认为研究院应更着重研究与美国政策有关的问题，加强公开辩论活动。在此期间，研究院与美国对外关系协会一起，于 1971 年联合创办“面对面讨论计划”，并创建了著名的《外交政策》杂志。冷战结束后，研究院调整研究方向，把“促进民主”“市场改革的政治经济学”“武力的使用”“维护和平”等问题作为主要研究对象。目前，研究院主要研究国际事务和美国外交政策，特别是移民问题、核不扩散问题、地区冲突问题、多元主义、民主建设和使用武力问题，范围包括非洲政策、亚洲政策、世界安全、全球经济、环境能源、核武不扩散、俄罗斯及欧亚事务等，涉及面十分广泛。与此同时，研究院也把“培养军备控制、地区安全、国际法等国际事务研究与活动的人才”作为其重要宗旨之一。

美国国际战略研究中心

美国国际战略研究中心(Center for Strategic and International Studies)于 1962 年成立，1962—1987 年一度隶属于乔治敦大学。该中心由前海军作战部长阿利·伯克上将、乔治敦大学牧师詹姆斯·霍里根和保守派学者戴维·阿布希尔共同创建，其目的是把自己打造成堪与伦敦国际战略研究所媲美的美国战略研究机构。美国国际战略研究中心是具有保守色彩的美国重要的政策研究机构，素有“强硬路线者之家”和“冷战思想库”之称，与石油财团关系密切。在宾夕法尼亚大学 2016 年《全球智库报告》中，美国国际战略研究中心位列“全球顶级智库”第四名。

美国国际战略研究中心自成立之日起就被美国保守派人士所把持。伯克上将出任第一任董事长，并得到了美国企业研究所等保守派智库和基金会以及石油财团的资助，因而成为“保守主义的坚实基地”。因为其石油财团背景，美国国际战略研究中心与洛克菲勒组建的三边委员会和东部财团筹建的外交关系协会互动频繁，美国国际战略研究中心创建人之一阿布希尔也是这两个委员会的成员。担任该机构董事会主席的托马斯·普利茨克，其家族在历史上经营商业银行，其本人是凯悦酒店公司的执行主席，还是皇家加勒比邮轮有限公司的董事。前美国副国防部长约翰·哈姆雷自 2000 年 4 月以来一直担任美国国际战略研究中心总裁兼首席执行官。40 多年来，该中心网罗了一大批国际关系学界的泰斗级人物和政坛精英，奠定了自身在美国乃至世界战略与政策研究智库中的前沿地位。董事会成员除了有许多前高级政府官员（如亨利·基辛格、兹比格涅夫·布热津斯基、威廉·科恩、乔治·阿吉罗斯和布伦特·斯考克罗夫特），还有不少企业界的翘楚以及金融、私募股权、房地产、媒体、学术界等众多领域的知名人士。美国国际战略研究中心现有 220 名全职工作人员，还与 241 名编外研究员、202 名顾问委员会成员以及高级顾问建立了合作关系。

美国国际战略研究中心以影响各国外交政策为宗旨，以外交战略为研究重点，致力于为世界各国领导人提供战略分析、为应对国别和全球问题制定政策方案，既研究一般性的国际问题，也研究战略性的问题，力求通过开展战略分析、召集决策者和有影响力的人士一起共商国是，共同来研究制定相应的对策和措施，以此显示其在外交政策领域一直“开风气之先”的地位。20 世纪 60 年代初期，该中心主要关注对苏联的战略、能源问题，海事政策以及对第三世界的政策等议题；20 世纪 60 年代中期侧重于冷战战略、苏联核战略以及东西方贸易的战略意义的研究；70 年代以来则重视对全球和地区大国的国力进行评估。值得一提的是，在美国众多的研究机构中，正是美国国际战略研究中心率先提出了“越战筹款方式将引发灾难性通货膨胀”“70年代将发生能源危机”“中苏分歧的不可逆性”“波斯湾对美国的战略重要性”等重大预见性分析。

进入新世纪以来，中心在继续关注传统安全问题外，还加强了对全球化、恐怖主义等一系列新问题的研究，强化了对亚太地区、中国大陆以及台湾地区事务的研究，在政策主张上较之以前趋于温和，对共和党政府的相关政策具有重要影响。目前，美国国际战略研究中心集中力量，关注三个领域的问题：一是全方位跟踪美国国内和国际安全所面临的一系列新挑战、新问题；二是持续关注世界主要地区的发展动向；三是不断挖掘全球化时代的新型治理方式。此外也特别关注技术项目、公共政策、国际金融、国际贸易以及能源等领域的情况，提出了一些重要的分析、主张、政策选项乃至重大预见。

美国国际战略研究中心在帮助美国政府制定外交和安全政策方面发挥了很大作用。2009年5月，奥巴马总统感谢该中心帮助白宫制定了针对网络战的政策。作为2012年国防授权法案的一部分，美国国防部则委托该机构对美国在亚太地区的利益开展独立评估。美国中央情报局局长约翰·布伦南表示，美国国际战略研究中心以“加强美国安全的一些最有见地的分析和创新想法”而名声在外。

成立40多年来，美国国际战略研究中心一直以其强硬的保守路线著称，如支持美国在拉美的干涉行动、要求美国政府在与巴拿马就达成运河区新协议举行的谈判中持强硬态度，等等。不过随着时间的推移，该机构在国际问题上的立场趋向温和，不仅邀请持不同观点的人士参加其主办的各种会议，就连对中国一贯持有的强硬态度也发生了不小的转变。

虽然早在美国国际战略研究中心成立之时就定下了规则，不接受中央情报局和国防部的资助，并拒绝从事任何涉密性质的研究，但还是接下了美国环保局、军备控制和裁军署等政府机构的研究合同，并且为捐款者保密。该中心的预算经费主要来源于捐助资金，以洛克菲勒为首的40多个石油财团是其较为固定的支持者和资助者。中心的年度预算经费最初仅为12万美元，目前增至2 500万美元。与传统基金会等智库相反，个人捐助资金在美国国际战略研究中心的预算中仅占很小的比例。以2001年为例，在中心约2 100万美元的经费中，约60%来自福特、洛克菲勒等各类基金会,约30%来自埃克森、西方石油等数十家大石油公司,个人捐助、政府合同和出版收益只占了约10%。众多石油界的巨头,如美国石油学会前会长弗兰克·伊卡德等人,都在中心担任理事,“石油情结”也因此贯穿于其研究之中。近年来,中心为了吸引个人捐助,不断推出回馈捐款者的活动,如以捐款者姓名来命名研究计划、研究项目和研究基金。

在充足资金的支持下,美国国际战略研究中心推出了一批高水准的出版物,为其发挥国际影响奠定了基础。这些出版物包括:

(1)《华盛顿季刊》,是中心的国际事务旗舰期刊,曾发布《全球战略性变化及其对公共政策的影响》。

(2)《关键问题》,定位于快速解答、响应国际热点事件。

(3)《弗里曼报告通讯》,聚焦外交政策的期刊,侧重于亚洲和中国的经济和安全问题。

(4)《外交政策新视野》,服务于关注国际事务人士的杂志。

除了利用自办的传播平台外,美国国际战略研究中心的专家学者们还时常在《纽约时报》《华尔街日报》《金融时报》《华盛顿邮报》以及《外交政策》杂志上发表文章或专访,也是美联社、路透社、法新社、彭博社等西方主要媒体的座上宾;同时也频频亮相于网络媒体。此外,美国国际战略研究中心已经与苹果公司建立了合作伙伴关系。2013年,该中心的iTunes门户下载量超过了150万。中心在社交媒体上也很活跃,其Twitter账户有超过3万个关注者,在Facebook账户上的关注者也达到了20万之多。

美国企业研究所

美国企业研究所全称为“美国企业公共政策研究所”(American Enterprise Institute for Public Policy Research),是一家总部位于华盛顿的政策研究机构。该研究所一贯以“无党派智库”自居,但又以其浓厚的保守主义传统而闻名。其研究领域主要包括政治、经济、政府事务和社会福利等问题。

美国企业研究所的前身是“美国企业协会”(American Enterprise Association),该协会是在刘易斯·布朗的倡导下,由一批纽约商人于1938年创建的,于1962年改为现名。该机构成立之初,就提出了具有美国保守主义色彩的目标任务，即捍卫和改善资本主义自由民主制度，支持个人的自由与责任、私有企业、小政府、政治问责制、防患于未然的国防与外交政策，把“思想的碰撞是自由社会之基础”作为其信条。美国企业研究所目前是一家独立的非盈利组织，主要由基金会、企业和个人为其提供资助。

1938—1954 年是该智库发展的初期阶段。1938 年，美国企业协会成立，自称其宗旨是“通过维护自由的企业竞争体系来促进美国民众对于社会经济优势的认知和理解”。1943 年，该协会将总部从纽约迁往华盛顿，意在加强与国会的联系。迁往华盛顿之初，该协会主要为美国国会提供法律咨询和分析意见，此后逐步转向了从事政府政策的研究活动，涉足包括财政、货币、医疗、能源在内的多个政策领域。1951 年，随着创始人布朗的去世，美国企业协会也随之一蹶不振。

1954—1980 年是该智库影响力提升的阶段。1954 年，老威廉·巴鲁迪成为协会的实际掌门人，在其领导下，该机构开始向华盛顿知名智库看齐，不断完善自身的组织框架，集资大量出版研究成果，逐步提升在业界的影响力。1962 年，机构更名为美国企业研究所。但是直到 20 世纪 70 年代，美国企业研究所才真正开始进入决策咨询界的主流行列，到了 1980 年，该机构已经发展成为一个拥有 125 名工作人员和 800 万美元预算的政策研究型智库。20 世纪 70 年代末、80 年代初，美国企业研究所以“美国供应学派经济学家的重要思想阵地”闻名于世。

1980—2008 年是该智库与美国新保守主义同步兴起的阶段。在里根总统执政时期，由于一些支持美国企业研究所的基金会在政治立场上转向温和，不再为其提供资金，导致该智库一度处于破产边缘。1986 年克里斯托弗·德姆斯执掌美国企业研究所后，进行了大刀阔斧的改革，包括裁员、调整研究项目、实行新的集资策略，重新赢回了保守派基金会的信任。从 1988 年到 2000 年，美国企业研究所的收入从 1 000 万美元增长到 1 890 万美元。该机构在老布什和克林顿总统执政时期发展势头良好，与小布什政府关系密切，智库专家中超过 20 人在小布什的政策团队中任职。外界认为，美国企业研究所对小布什政府发动伊拉克战争发挥了重要作用，对美国中东政策的影响也是巨大而深远的。

美国企业研究所的思想产品主要涉及以下六大领域：

（一）经济政策研究

经济政策是该智库的重点研究领域。21 世纪以来，美国企业研究所一直在提供具有保守主义倾向的经济政策建议，例如支持小布什政府以减税促复苏的政策。值得一提的是，该机构对于政府支持房地产企业可能引发经济危机的预测在 2008 年的国际金融危机中不幸成为了现实。目前研究所的“金融市场研究计划”，主要是对银行、保险、证券监管、会计改革、公司治理和消费金融等领域开展专业性研究。该机构还比较关注财税政策、市场监管、能源环境等领域，与布鲁金斯学会曾共同发起成立了“联合监管研究中心”。

（二）外交及国防政策研究

美国企业研究所的外交和国防政策研究专注于“如何在世界范围最大程度促进政治经济自由以及美国的利益”，反映了新保守主义在外交和国防研究中强调美国利益优先的原则。该研究所的国别研究体系比较完善，覆盖亚洲、欧洲、南美和中东等主要地区。随着全球化的兴起和发展，该机构还十分关注与全球治理有关的问题，包含国际组织、国际法、发展中国家的经济发展、流行疾病等非传统安全议题。

（三）医疗保健政策研究

美国企业研究所长期以来十分重视对医疗卫生政策领域的研究。早在 1974 年就专门成立了“卫生政策研究中心”。研究所在医疗保健方面长期重点关注的议题包括：国家保险、医疗保险、医疗补贴、药品创新、医疗成本控制等。其专家还出版了一系列关于医疗保险改革的专著，对奥巴马政府的医疗保健政策产生了影响。

（四）法律及宪法研究

美国企业研究所拥有深厚的法律研究传统，目前下属的“公共利益法律研究中心”基本涵盖了多个法学研究领域。该中心每年资助举办“高尔法律及公共政策讲座”，邀请美国法律界知名人士发表演说。

（五）政治及公共舆论研究

美国企业研究所的政治研究涉及面广、观点多样。例如自 20 世纪 70 年代以来就专注于对政治过程和政治机构的研究，包括公民投票、领导人选举、宪法遵守等议题。在选举研究等领域还和布鲁金斯学会积极开展合作,共建研究课题和项目。研究所还于1978—1990年间出版了《舆论》杂志,聚焦公共生活中民意及舆论的相关话题。

(六)社会及文化研究

美国企业研究所的社会和文化研究项目最早可以追溯到20世纪70年代,当时的负责人认识到哲学和文化对于现代经济学和政治学的重要影响,遂邀请相关领域的专家们加盟该机构。从那时起,研究所广泛赞助涉及社会文化方面的各种研究,涵盖了教育、宗教、种族、性别以及社会福利等领域。在布拉德利基金会的支持下,研究所自1989年以来一直主办"布拉德利系列讲座",旨在通过探索当前富有争议的哲学和历史问题来促进华盛顿决策界的思想争鸣,其中发表演讲的著名学者有弗朗西斯·福山、萨缪尔·亨廷顿等人。值得一提的是,正是在美国企业研究所,亨廷顿于1992年首次公开发表了著名的"文明冲突论"。

美国企业研究所影响政府决策的途径主要是参与美国政府层面的听证会和咨询活动。值得一提的是,有超过20位来自美国企业研究所的专家,曾在小布什政府的政策部门或是专门小组、委员会等其他机构任职,或者是卸任政府高官到研究所任职。例如目前担任研究所董事的前副总统迪克·切尼、前美国驻联合国大使约翰·博尔顿,以及前国防部副部长保罗·沃尔福威茨等。此外,研究所还通过组织大量的学术会议和内部研讨会、在网站上发布同行评议类期刊和其他学术成果,扩大自身在美国决策界和知识界的影响力。

虽然美国企业研究与美国新保守主义之间的渊源有目共睹,但研究所却一直标榜自己是"无党派"的组织,研究结论追求的是客观、公正。随着知名度的提高,研究所也吸收了一些民主党人士,不过他们中绝大多数都是民主党中的保守派,因此美国企业研究所虽然有向中间靠拢的趋势,但仍难以改变其保守派智库的本质。

美国传统基金会

美国传统基金会(The Heritage Foundation)成立于1973年,其创建人是代表美国保守势力,特别是西南部财团利益的保罗·韦里奇(Paul Weyrich)、艾德温·佛讷(Edwin Feulner)和约瑟夫·库尔斯(Joseph

Coors)，基金会的总部设于美国华盛顿哥伦比亚特区。传统基金会自称其使命是“立足于自由企业、有限政府、个人自由、美国传统价值观、强大的国防等原则，制定、推动保守主义的公共政策”，被视为美国保守派重要智库之一。宾夕法尼亚大学发布的《2016 全球智库报告》，将传统基金会分别列为第七大美国顶级智库、第十二大全球顶级智库、全球最佳政策倡议型智库。

早在 1970 年，出于反对尼克松政府接受“自由主义共识”的需要，保守的美国西南部财团的代表之一、石油巨头库尔斯出资 20 万美元资助成立了一个分析研究学会(the Analysis and Research Association)。随着新赞助者的加入，包括石油大亨爱德华・诺波(Edward Noble)和理查德・梅隆・斯凯夫(Richard Mellon Scaife)，学会分成了两家机构，一家是公共利益法律中心，一家是公共政策基金会，正是该基金会发展为后来的传统基金会，于 1973 年 2 月 16 日正式挂牌。韦里奇成为第一任会长。与当时追求对党派政治持中立态度、追求学术上客观、严谨的大多数智库不同，传统基金会旗帜鲜明地支持保守主义，以“捍卫传统价值观”“捍卫个人自由”“维护自由竞争”“缩减政府规模”“提升国防实力”为己任，并力求通过向决策者提供即时的、简明扼要的政策报告，影响大政方针，以保守主义主导美国的内政外交。

在里根和老布什执政的 24 年里，传统基金会终于得遂所愿，成为共和党政府的主要政策设计师。1981 年 1 月，传统基金会推出一份名为“领导责任”的报告(Mandate for Leadership)，是一份全方位削减联邦政府规模的保守主义政策建议书，其中提出的相关建议多达 2 000 条。里根对该报告大加推崇，人手一份派发给内阁成员，在其上任第一年里，就将 2 000 条建议中的 60%加以落实。并且延聘多位参与报告撰写的智库人士担任政府要职。除此以外，传统基金会还说服了里根政府将发展弹道导弹防御系统作为其国防战略的头号任务。至 20 世纪 80 年代中期，传统基金会已经成为美国新保守主义运动的关键智库。

在老布什执政时期，传统基金会仍然享有其在里根时期获得的决策话语权。该机构是美国针对伊拉克萨达姆政权的“沙漠风暴”行动的主要倡导者之一，其相关研究还为老布什政府思考苏联解体后的美国外交战略奠定了基础。在内政领域,老布什政府也对传统基金会言听计从,该机构第三份“领导责任”报告中的十项预算改革建议,老布什政府接受了其中的六项,将报告内容纳入20世纪90年代的政府预算改革建议中。

在里根和老布什执政时期,先后有10多位传统基金会的成员担任了政府要职,如担任总统国家安全顾问的理查德·艾伦(Richard V. Allen);担任联邦大法官的埃德温·米斯(Edwin Meese);担任劳工部长的赵小兰(Elaine Chao);担任海军部长的约翰·雷曼(John Lehman);担任反恐事务巡回大使和协调人的保罗·布雷默(L. Paul Bremer),等等。

民主党人克林顿上台后,虽然传统基金会的成员不再担任政府要职,但是该基金会在美国公共政策和党派政治中的作用却仍然不可小视。在克林顿执政的20世纪90年代,传统基金会创办的学刊《政策评论》(*Policy Review*)销量达到了2.3万份的历史高度。1994年,传统基金会积极配合国会中的保守派代表纽特·金里奇等人,炮制了“与美国立约”这一旨在挑战克林顿政府所持的自由主义理念、打破华盛顿政治平衡的文件,为共和党成为国会多数党创造了条件。不过,传统基金会与民主党政府也并非是水火不容的关系。虽然该基金会是克林顿医疗改革计划的主要反对者之一,但是其关于社会福利改革的主张却因为与克林顿政府高度一致,而被纳入了1996年的《个人责任与工作机会法案》。此外,该基金会在里根和老布什时期力推的星球大战规划,在克林顿时期得到了变相延续。

进入21世纪小布什执政时期,虽然传统基金会在里根和老布什时代的风头被沃尔夫威茨等人创办的新美国世纪计划抢走,对共和党政府的影响力无法与之前的时代相提并论,但是小布什政府仍在很多方面依赖传统基金会的襄助。例如2007年11月1日,小布什总统任命的联邦大法官迈克尔·穆卡西,因为公开宣称美军在伊拉克和古巴关塔那摩基地审讯恐怖嫌犯时使用的一些残酷刑罚不属于非法刑讯,导致他的任命在美国国会遭遇巨大阻力。小布什选择在传统基金会发表演说,为自己任命的大法官进行辩护。值得关注的是,就在小布什在传统基金会发表讲话的八天之后,穆卡西的任命就获得了国会通过,由此传统基金会在美国决策层中的影响力可见一斑。此外,小布什的班底里也有传统基金会成员的身影,如迈克尔·约翰斯(Michael Johns)担任总统讲稿撰写人;劳伦斯·狄里塔

(Lawrence Di Rita)担任国防部发言人。

在奥巴马执政时期,传统基金会对民主党政府的影响力体现在医疗改革领域。据 2012 年 6 月 28 日福克斯新闻揭示,奥巴马总统的医疗改革计划的部分内容是传统基金会成员斯图亚特·巴特勒(Stuart M. Butler)于 1989 年最初酝酿的,当时的研究报告题目是《确保所有美国人看得起病》。该研究报告也成为共和党总统候选人米特·罗姆尼在马萨诸塞州推行的医改计划的蓝本。

据美国媒体披露,传统基金会在 2016 年大选中为共和党候选人特朗普充当顾问,又在特朗普当选后承担过渡团队的职能。曾经在里根时期担任劳工部长的基金会成员赵小兰如今已成为特朗普政府的交通部长,传统基金会创办人艾德温·佛讷目前也担任特朗普总统的高级顾问。

作为一家政策倡议型智库,传统基金会除了像其他智库一样,通过出版刊物、撰写研究报告、报纸专栏和媒体访谈形式等影响公共政策外,还十分注重培养与各国决策者的人脉关系。例如自创建伊始,传统基金会就主办了众多有影响的国际国内政治领袖培训项目,接受培训者包括美国国会议员、美国总统以及外国国家领导人。2011 年 11 月 22 日,传统基金会与美国企业研究所联合主办了共和党总统候选人关于国防和外交政策的辩论会,对本国的决策活动加以引导。

此外,传统基金会也懂得利用各种评级活动来打造自己的政策话语权,如 1995 年开始推出所谓"经济自由指数"(Index of Economic Freedom),立足于产权和政府调控程度来评价一国的经济自由度,实际上是按照美国保守主义的标准给世界各国的政治经济体制打分,以此影响各国经济社会政策和政治改革。自 2002 年起,传统基金会还开始发布美国经济对联邦政府的依赖程度指数,监测联邦政府的经济计划对个人、私营部门和地方政府自由度的影响。该报告从六大类目进行考察,包括住房政策、医疗政策、福利政策、退休政策、高等教育政策、乡村与农业政策。报告发现,全国不交联邦个人所得税的人数在逐年增长,同时依赖政府提供服务的人数也在逐年增长。自 2009 年经济危机陷入低谷以来,美国国民对政府的依赖程度出现了自 1976 年以来的最大幅度增长。

传统基金会懂得如何在数字化时代扩大自己的影响,例如通过创建博客和网络多媒体平台宣传自己的主张。例如自 2006 年开始，传统基金会组织博客吹风会，吸引保守主义的、政治立场独立的博客使用者进入平台座谈，帮助他们加深对保守主义政策主张的了解和认同，2011 年起，通过网络问卷调查了解民众对保守派主张的政策持何种态度。

传统基金会的上述活动，无一离不开充裕的经费。初创阶段，该基金会主要是靠阿道夫·库尔斯基金会的赞助维持运转。在弗兰克·华尔顿(Frank J. Walton)任会长期间，传统基金会采取直接邮寄的方式筹款，收入仅 1976 年一年就增至 100 万美元。如今，该基金会仍然主要靠个人、企业和慈善机构的捐款维持运转。根据美国税法的相关规定，作为非营利机构的传统基金会享受免税待遇，并被允许可以不对外公布捐款来源。不过据媒体披露，其赞助者主要是一些保守的基金会，如欧林、布拉德利、斯凯夫等；2010 年，其赞助者达到 71 万名。2011 年其全年总收入为 7 200 多万美元，而总支则高达 8 000 多万美元。

图书在版编目(CIP)数据

新保守主义智库与美国外交政策 / (德)库必来・亚多・阿林(Kubilay Yado Arin)著;王成至译. —上海: 上海社会科学院出版社,2017
(当代国际智库译丛)
书名原文: Think Tanks: The Brain Trusts of US Foreign Policy
ISBN 978-7-5520-2154-7

Ⅰ.①新… Ⅱ.①库…②王… Ⅲ.①保守主义—研究—美国②美国对外政策—研究 Ⅳ.①D871.2

中国版本图书馆CIP数据核字(2017)第257451号
上海市版权局著作权合同登记号: 09-2017-487

Translation from the English language edition:
Think Tanks
The Brain Trusts of US Foreign Policy
by Kubilay Yado Arin

新保守主义智库与美国外交政策

著　　者: [德]库必来・亚多・阿林(Kubilay Yado Arin)
译　　者: 王成至
主　　编: 杨亚琴　李　凌
责任编辑: 董汉玲　温　欣
封面设计: 周清华
出版发行: 上海社会科学院出版社
　　　　　上海顺昌路622号　邮编200025
　　　　　电话总机021-63315900　销售热线021-53063735
　　　　　http://www.sassp.org.cn　E-mail: sassp@sass.org.cn
照　　排: 南京前锦排版服务有限公司
印　　刷: 上海万卷印刷股份有限公司
开　　本: 710×1010毫米　1/16开
印　　张: 8.25
插　　页: 2
字　　数: 120千字
版　　次: 2017年11月第1版　2017年11月第1次印刷

ISBN 978-7-5520-2154-7/D・464　定价: 35.00元